1995
내란 우두머리 전두환 처벌

천천히읽는책 _81

1995 내란 우두머리 전두환 처벌

글 이정호

펴낸날 2025년 10월 15일 초판1쇄
펴낸이 김남호 | 펴낸곳 현북스
출판등록일 2010년 11월 11일 | 제313-2010-333호
주소 07207 서울시 영등포구 양평로 157 투웨니퍼스트밸리 801호
전화 02)3141-7277 | 팩스 02)3141-7278
홈페이지 http://www.hyunbooks.co.kr | 인스타그램 hyunbooks
ISBN 979-11-5741-447-5 73910

책임편집 류성희 | 디자인 나모에디트 | 마케팅 송유근 함지숙

글 ⓒ 이정호 2025

이 책은 저작권법에 의하여 보호를 받는 저작물이므로 무단 전재 및 복제를 금지하며,
이 책 내용의 전부 또는 일부를 이용하려면 반드시 저작권자와 현북스의 허락을 받아야 합니다.

⚠️주의 종이에 베이거나 긁히지 않도록 조심하세요. 책 모서리가 날카로우니 던지거나 떨어뜨리지 마세요.

1995
내란 우두머리 전두환 처벌

글 이정호

현북스

| 머리말 |

1995년과 2025년, 두 내란 우두머리를 체포하다

2025년 1월 15일 오전 10시 33분, 제20대 대통령 윤석열은 대한민국 형법 제87조에 따라 체포되었어요. 혐의는 '내란 우두머리' 죄였지요.

대통령 윤석열은 2024년 12월 3일 밤 10시 27분, 갑자기 TV 화면에 나타나 비상계엄을 선포했어요. 순간 모든 국민은 충격과 공포에 빠져들었죠. 전쟁이 일어난 것도, 소요나 폭동이 일어나 사회가 혼란스러운 것도 아닌데, 느닷없이 계엄령을 선포했으니 말이에요.

이 충격적인 비상계엄 사태는 1979년에 일어난 12·12 군사 반란과 다음 해 1980년에 일어난 5·17 내란(비상계엄 전국 확대)과 닮았어요. 내란 우두머리 전두환과 윤석열은 똑같이 보안사령부(방첩사령부), 수도경비사령부(수도방위사령부), 특수전사령부를 동원했어요.

공교롭게도 전두환이 체포된 날과 윤석열이 계엄을 선포한 날이 12월 3일로 같아요. 둘의 다른 점이 있다면, 전두환은 군사 반란과 내란을 일으킨 지 16년 만에 체포되어 역사의 심판대에 섰지만, 윤석열은 계엄 선포 후 43일 만에 체포되었다는 거죠.

이 책은 1995년 '전두환 체포'에서 시작해요. 이는 군사 반란과 내란을 일으켜 정권을 찬탈한 한 독재자에 대한 심판의 첫걸음이지요. 절대 권력을 얻기 위해 국민 대다수가 합의하여 만든 헌법을 파괴하는 행위는 민주주의의 적이에요. 이 용납할 수 없는 중대 범죄를 제대로 처벌하지 않으면 잘못된 역사가 되풀이 될 수밖에 없어요.

그래서 이 책에서는 12·12 군사 반란과 5·17 내란부터 반란의 주역인 전두환과 신군부가 단죄받기까지의 과정을 이야기해요. 이렇게 전두환 독재 정권의 시작과 끝을 알아야 할 까닭은, 다시는 내란이나 반란으로 국민이 고통받지 않아야 하기 때문이에요. 꼭 기억해야 할 것은 '민주'예요. 나라의 주인은 권력욕에 사로잡힌 한 독재자가 아니라 국민 전체라는 것을요.

| 차례 |

머리말 4

역사를 바꾼 세 가지 체포 사건
1995년 12월 3일 전두환 체포 • 11
1979년 10월 27일 김재규 체포 • 19
1979년 12월 12일 정승화 체포 • 26

12·12 군사 반란
'하나회'라는 비밀 사조직 • 39
보안사령관 전두환의 야욕 • 46
총칼로 반란을 일으킨 전두환 • 55
군사 반란에 맞서 군인 정신을 지킨 군인들 • 69

5·18 광주의 비극

최규하 대통령 권한대행의 '시국 담화' • 79
민주화의 열기, 1980년 서울의 봄 • 86
5월 17일 비상계엄 전국 확대 • 93
1980년 5월 광주의 비극 • 101

제4부

제5공화국 독재와 되찾은 민주주의

독재 정권의 탄생과 민주주의 탄압 • 117
줄기찬 민주화 투쟁과 6·29선언 • 126
전두환과 신군부에 대한 역사의 심판 • 138
끝내 반성하지 않은 전두환 • 149

부록
한눈에 보는 '전두환의 반란부터 죽음'까지 • 156

제1부
역사를 바꾼 세 가지 체포 사건

1996년 8월 26일, 서울지방법원은 1심 선고공판에서 전두환에게 사형을 선고했어. 재판부는 "피고인들의 내란 및 군사 반란 사실 등이 모두 유죄로 인정된다"라고 밝혔어.

같은 해 12월 16일, 서울고등법원에서 열린 2심 선고공판에서는 사형이 무기징역으로 낮아졌어. 12·12 군사 반란과 5·17 내란으로 많은 국민을 죽이는 등 무력으로 권력을 빼앗았지만, 6·29선언으로 정권을 평화적으로 교체했다는 점을 고려한 결과였지.

마침내 1997년 4월 17일, 대한민국 대법원은 군사 반란 우두머리 전두환에게 최종 판결을 내렸어. 무기징역과 추징금 2,205억 원. 1979년 12월 12일 전두환과 하나회가 군사 반란을 일으킨 지 18년 만에 마침내 역사적 단죄를 받게 된 거야.

그렇게 전두환을 심판하기까지 세 가지 중요한 체포 사건이 있었는데, 먼저 그것부터 알아볼까? 그 세 가지 체포 사건이 우리나라 민주주의 역사에서 매우 중요한 전환점이 되기 때문이야.

1995년 12월 3일 전두환 체포

1995년 12월 3일 새벽, 대검찰청 내부가 갑자기 분주해졌어. 제11대, 12대 대통령이었던 전두환에게 구속영장이 발부되었기 때문이지. 구속영장에 적힌 전두환의 죄목은 '반란수괴죄' 등 모두 열세 개나 되었어. 그건 1979년 12월 12일에 벌인 군사 반란(12·12 군사 반란)의 우두머리 전두환을 감옥에 가두고 수사하겠다는 뜻이야.

12·12 군사 반란 당시 전두환 보안사령관 겸 합동수사본부장이 대통령의 재가도 없이 무장한 병력을 동원하여 정

승화 당시 육군참모총장(계엄사령관)을 강제로 붙잡아 가고, 총리공관과 중앙청, 국방부 등 정부의 주요 기관을 점령한 것이 반란수괴죄에 해당하기 때문이지. 전두환을 잡아 가둘 장소는 경기도에 있는 안양교도소. 수사관들은 서둘러 차를 몰아 전두환이 머물고 있는 경상남도 합천으로 향했어.

고향집으로 도망간 뻔뻔함

그때 전두환의 집은 서울 연희동에 있었어. 그런데 왜 합천에 가 있던 것일까? 구속영장이 나오기 전날인 12월 2일, 전두환은 오후 3시까지 검찰청에 가서 내란죄로 조사를 받아야 했어. 하지만 검찰청에 가지 않고 자기 집 앞 골목에서 일장 연설을 했지.

"저는 소위 5공 청산 정국의 정치적 종결을 위해 그해(1989년) 12월 31일 국회의 증언대에 올라 과거 문제의 매듭을 지었습니다. 그러나 이렇듯 이미 정치적으로 완전 종결되었던 사안이 최근 또다시 제기되어 온 나라가 극도의 혼란과 불안에 빠져들고 있습니다. …… 만일 제가 국가의 헌정 질서를 문란케 한 범죄자라면 이러한 내란 세력과 야합해 온 김영삼 대통령 자신도 이에 대한 응분의 책임을 져야 하는 것이 순리가 아니겠습니까. …… 저는 검찰의 소환 요구 및 여타의 어떠한 조치에도 협조하지 않을 생각입니다."

전두환은 자기 측근들을 병풍처럼 뒤에 세우고 기세등등하게 원고를 읽어 내려갔어. 그런 뒤 국립서울현충원에 가서 5분간 참배하고, 고향인 경상남도 합천으로 내려가 버렸어. 헌법 질서를 짓밟고 죄 없는 광주 시민들을 학살한 잘못에 대해 한마디 사과도 하지 않는 극도의 뻔뻔함을 보였지. 자신을 반드시 심판해야 한다는 국민 여론과 정면 대결을 선언한 셈이었어. 검찰은 전두환이 고향집으로 간 것을 도주 행위로 판단하고, 곧바로 사전구속영장을 법원에 청구했어.

전두환 연희동 골목 성명 발표 1995년 12월 2일, 반란수괴죄 등으로 구속영장이 나오기 전날 전두환은 자기 집 앞 골목에서 기세등등하게 검찰의 소환에 응하지 않겠다는 성명을 발표하고 고향인 합천으로 도망갔어. (사진·연합뉴스)

그런데 이런 파렴치한 행동은 전에도 있었어. 1988년 11월 전두환의 제5공화국 비리를 밝히는 국회 청문회가 열리자, 전두환은 재산을 사회에 돌려주겠다고 하고는 갑자기 강원도에 있는 백담사로 들어가 버렸어. 국회는 청문회에서 제5공화국 시절 벌어진 전두환의 죄상을 샅샅이 파헤쳐서 책임을 물으려 했는데, 돌연 도망가 버리는 바람에 재판정에 세우지 못했지. 결국 그의 일가친척들만 감옥에 보내는 것으로 끝나 버렸어. 그는 한적한 백담사에서 2년 넘게 숨어 살다가 서울로 돌아왔어.

그 후 김영삼 정부 때 12·12 군사 반란의 피해자인 정승화 육군참모총장과 장태완 수도경비사령관 등 22명이 전두환을 반란수괴죄로 고발했어. 그렇지만 검찰은 "성공한 쿠데타는 처벌할 수 없다"라면서 전두환에게 면죄부를 주었지. 그러자 김영삼 정부는 '역사 바로 세우기'라는 이름으로 새로운 법을 만들었어. '5·18 특별법'이라고 일컫는 이 법으로 전두환을 법정에 세울 수 있게 된 거야.

군사 반란·내란 우두머리 전두환, 마침내 체포되다

검찰에 가서 조사받는다는 것은 곧 구속된다는 것을 말해. 이미 전달인 11월 16일에 12·12 군사 반란의 또 다른 주역 노태우가 검찰에 불려 가 조사받은 후 바로 구속되었거든. 전두환은 7년 전 백담사로 도망친 것을 단지 '유배'라고 착각하여 이번에도 구속을 피할 수 있으리라 생각했을까? 어쩌면 친구이자 군사 반란 동지인 노태우가 구속된 것을 보면서 두려움을 느낀 나머지 본능적으로 도망친 것이 아닐까 싶어.

수사관들이 전두환의 고향집에 다다랐을 때, 그들을 막아선 청년들이 있었어. 집 안에 있던 동네 청년들이 대문을 막고 서자 잠시 실랑이가 벌어졌지. 결국 합천경찰서장이 나서서 "정당한 법 집행을 막는 불법행위는 처벌할 수밖에 없다"라고 경고한 끝에 가까스로 대문이 열렸어.

수사관들은 안방에 들어가 전두환에게 구속영장을 제

합천에서 체포된 전두환 1995년 12월 3일, 군사 반란·내란의 우두머리 전두환은 마침내 합천 고향집에서 체포되어 강제로 서울로 연행되었어. (사진·연합뉴스)

시했어. 그 시각이 새벽 6시 8분. 수사관들이 전두환 옆으로 다가가서 팔짱을 꼈어. 다시는 도망치지 못하게 꼭 붙잡은 거지. 아무 말 없던 전두환은 기분 나쁜 얼굴로 수사관에서 뭐라고 말했어. 지켜보던 동네 청년들이 전두환에게 격려의 말을 크게 외치자, 전두환은 잠깐 손을 흔들어 보였지. 고개를 숙여도 모자랄 판에 손까지 흔들다니! 그 장면을 본 국민들은 헛웃음을 지을 수밖에 없었지.

새벽 6시 37분, 굳은 표정으로 검찰 호송차에 탄 전두환은 교도소로 향했어. 오전 10시 37분, 합천을 떠난 지 꼭 4시간 뒤, 전두환은 곧바로 감옥에 갇혔어. 반란과 학살을 저지른 범죄자가 검찰 소환에 응하지 않고 고향으로 도망친 사건에 대해 국민 대부분은 분노했어. 체포해서 구속하는 게 마땅하다고 생각했지.

감옥에 갇힌 전두환이 수사에 순순히 협조했을까? 그렇지 않았어. 보름 넘게 밥을 먹지 않고 버티다가 급기야 병원에 실려 갔지. 건강에 큰 지장이 없다는 진단을 받았지만, 두 달 넘게 병원 특실에서 치료받았어.

그래도 첫 단추는 끼워졌어. 12·12 군사 반란과 5·17 내란, 5·18 광주 시민 학살에 대해 죄를 묻는 첫발을 내디딘 거야.

1979년 10월 27일 김재규 체포

 1995년 전두환을 체포한 사건은 그로부터 16년 전인 1979년에 일어난 김재규 체포와 연결돼. 유신 독재의 절대 권력자 박정희를 살해한 김재규를 조사하여 재판에 넘긴 자가 바로 당시 보안사령관 전두환이기 때문이야.

 당시 김재규는 중앙정보부장으로서 대통령 다음으로 막강한 권력을 갖고 있었어. 나라 안팎에서 모은 정보를 박정희 독재 정권을 지탱하는 도구로 활용하도록 한 곳이 바로 중앙정보부였거든. 독재 정권에 반대하는 사람들을 쥐도 새도 모르게 잡아다가 고문하고 죽이기까지 한, 악명 높은 정보기관이었지.

1979년 10월 26일 저녁 궁정동 안가

흔히 '10·26 사태'라고 불리는 사건이 1979년 10월 26일 저녁에 벌어졌어. 그날 낮에 대통령 박정희는 충남 삽교천 방조제 준공식에 다녀온 뒤, 서울 종로구 궁정동의 한 안가(비밀 모임 장소)로 갔어. 그 집은 중앙정보부가 관리하는 보안시설인데, 대통령과 경호실장, 비서실장, 중앙정보부장 등이 함께 모여 술자리를 갖던 곳이기도 했지.

10월 26일 그날 저녁에도 중앙정보부장 김재규, 대통령 경호실장 차지철, 대통령 비서실장 김계원뿐 아니라 젊은 여가수와 여대생이 함께했어.

아까 중앙정보부가 대통령 다음으로 막강한 권력을 가진

기관이라고 했잖아. 그런데 당시에는 대통령 경호실이 중앙정보부보다 더 힘이 셌어. 대통령의 경호를 책임지는 경호실이 대통령에게 접근하는 모든 길을 틀어막은 채 이래라저래라 자기 마음대로 했던 거야. 게다가 경호실장 차지철은 중령으로 전역하고, 중앙정보부장 김재규는 중장(별 셋)으로 전역해서 둘의 계급 차이가 상당한데도 차지철이 김재규에게 "김 부장!"이라고 부르며 애써 자신의 권력을 과시했지.

10·26 사태가 일어나기 전, 나라는 무척 혼란스러웠어. 야당인 신민당 총재 김영삼이 국회에서 제명(국회의원 자격을 빼앗음)되자, 부산과 마산에서 정권을 비판하며 민주화를 요구하는 시위(부마민주항쟁)가 들불처럼 번졌거든. 박정희는 그 상황을 아주 못마땅하게 여겼지.

부산과 마산 시민의 민주화 시위를 바라보는 김재규와 차지철의 생각은 완전히 달랐어. 김재규는 민주화 시위를 무력으로 진압해서는 안 된다고 대통령에게 건의했지만,

차지철은 탱크를 동원해서라도 깔아뭉개 버려야 한다고 했어. 국민을 무자비하게 죽이겠다는 거였지.

야수의 심정으로 유신의 심장을 쐈지만

그날 저녁 7시 41분, 김재규는 차지철에게 먼저 총을 쏜 뒤, 박정희의 가슴을 향해 방아쇠를 당겼어. 대통령이 삽시기 살해된 비상 상황에서 김재규는 안가에 와 있던 정승화 육군참모총장을 데리고 육군본부로 갔어. 대통령을 살해한 사건은 '반역'이라고 할 수 있어.

대통령 서거 소식을 들은 국무총리와 국무위원들은 그의 죽음을 확인한 뒤 비상계엄령을 선포했어. 박정희를 죽인 범인이 누군지 아는 사람은 김계원 비서실장뿐이었어. 그는 김재규에게 보안을 유지하겠다고 약속했지만, 상황이 심상치 않게 흘러가자 정승화 참모총장에게 김재규가 대통령을 죽였다고 실토했지.

야수의 심정으로 유신의 심장을 쏘다 1979년 10월 26일, 중앙정보부장 김재규가 대통령 박정희와 경호실장 차지철을 총으로 쏘아 죽이는 사건이 벌어졌어.

대통령을 살해한 죄로 체포된 김재규 박정희를 살해한 뒤 아무것도 하지 못한 채 허무하게 붙잡힌 김재규는 전두환이 수장으로 있는 보안사령부로 넘겨졌어. (사진·위키피디아)

정승화 참모총장은 김진기 헌병감에게 김재규를 체포하라고 지시했어. 체포된 김재규는 전두환이 수장으로 있는 보안사령부로 넘겨졌지. 그렇게 "야수의 심정으로 유신의 심장을 쏘았다"라고 한 김재규는, 박정희를 살해한 뒤 아무것도 하지 못한 채 허무하게 붙잡히고 말았어.

김재규는 군사법원의 1심 최후 변론에서 대통령 박정희를 살해한 목적으로 다섯 가지를 주장했어.

첫째는 자유민주주의를 회복하는 것
둘째는 많은 국민의 희생을 막는 것
셋째는 우리나라를 적화(북한의 침략)로부터 방지하는 것
넷째는 혈맹의 우방인 미국과의 관계를 회복하는 것
다섯째는 독재 국가라는 나쁜 이미지를 씻고 명예를 회복하는 것

이렇게 해서 독재 정권의 우두머리인 박정희와 독재 정권을 지탱해 온 권력의 2인자와 3인자가 모두 사라져 버렸어. 그 권력의 빈자리를 노린 자는 보안사령관이자 합동수사본부장인 전두환이었지.

1979년 12월 12일 정승화 체포

1961년부터 1979년까지 18년 동안 절대 권력을 누리던 독재자 박정희가 갑자기 사라지자, 국민은 충격과 혼란에 빠져들었어. 곧 민주화가 될 것이라는 희망을 품으면서, 한편으로 북한이 쳐들어올지도 모른다거나 나라가 망할 수도 있겠다는 불안감에 휩싸였어.

당시 국무총리 최규하는 대통령 권한대행이 되었고, 군이 행정과 사법을 통제하는 계엄 상황이 시작되었지.

'계엄'은 전쟁이나 사변 같은 국가 비상사태가 일어났을 때 국가원수 또는 행정부 수반(대통령)이 군대를 민간과 사법부에 투입하는 조치를 말해. '계엄'이란 한자어를 쉬운 말로 풀면 '엄하게 경계한다'라는 뜻이야. 전쟁이나 사변이 일어나면 극심한 혼란과 소요, 일탈 행위가 일어날 수 있는데, 이를 경찰만으로 통제할 수 없어 최후의 수단으로 군대를 배치하는 거지.

계엄 중에는 언론과 출판, 집회의 자유 등 국민의 기본권을 제한할 수 있어. 도시 곳곳에서 총 든 군인들이 탱크와 장갑차를 앞세운 모습이 바로 계엄 상황이라고 할 수 있지.

합동수사본부장이 된 전두환

1979년 10월 27일 새벽 4시, 정부는 제주도를 제외한 전국에 비상계엄을 선포했어. 대통령이 갑자기 살해되는 비상사태가 일어나자 취한 조치였지. 계엄 업무를 담당하는 계엄사령관으로 육군참모총장 정승화가 임명되었어.

박정희 대통령 살해 사건을 수사하는 곳은 합동수사본부였어. 이는 계엄 상황에서 중앙정보부, 경찰, 검찰, 헌병(군사경찰), 군검찰 등 국가의 정보와 수사기관을 아우르는 막강한 조직이었지. 계엄법에 따라 합동수사본부장은 국군보안사령관이 맡게 되었어.

보안사령부가 하는 일은 군사에 관한 정보를 수집하고 수사하는 것인데, 가장 중요한 역할은 군사 반란이 일어나지 않도록 군대를 감시하는 거야.

박정희는 군사 반란으로 정권을 잡았기에 반란에 굉장히 예민했어. 자신과 같은 반란자가 또 생기지 않으리란 법이 없으니까. 그래서 가장 믿을 만한 장군을 보안사령관에 앉혀서 군대가 자신에게 반기를 들 수 없게 감시했지.

박정희 독재 정권에서 보안사령관이 된다는 건 독재자 박정희의 절대 신임을 받는다는 뜻이자 출세의 길이 열린 다는 뜻이야. 그래서 박정희 정권 시절 잘나간다는 군인은 대개 보안사령관을 거쳐 갔어.

전두환 육군 소장(별 둘)이 보안사령관으로 임명된 날은 1979년 3월 5일이었어. 10·26 사태가 일어나기 일곱 달 전이었지. 박정희가 김재규에게 살해되었다는 소식을 전두환은 누구보다 빨리 알았어. 보안사령관으로서 합동수사본부장이 되었고, 그 사건의 주범과 관련자들을 잡아들여 수사하기 시작했지. 수사 과정에서 전두환은 정승화 계엄사령관이 10월 26일 저녁 궁정동 안가에 있었다는 사실도 알아냈어.

사건이 일어난 지 열흘이 지난 11월 6일, 전두환은 TV 화면에 처음으로 등장해서 박정희 대통령 살해 사건의 경위를 조목조목 발표했어. 이때 전두환은 사건이 일어난 날

육군참모총장 정승화 박정희 살해 사건으로 정승화 참모총장이 막강한 권력을 가진 계엄사령관이 되었어. (사진·뉴스화면)

보안사령관 전두환 계엄 뒤 전두환은 박정희 살해 사건의 조사를 맡은 합동수사본부장이 되었어. (사진·뉴스화면)

에 정승화 육군참모총장이 궁정동 안가에서 중앙정보부 김정섭 차장보와 저녁을 먹고 있었고, 김재규 정보부장이 둘에게 와서 대통령과의 식사가 끝나면 다시 오겠다며 양해를 구했다고 밝혔어.

이때까지만 해도 정승화 총장의 행적이 김재규의 범행과 관련 있어 보이지 않았어. 정승화가 김재규와 함께 박정희 살해를 모의하고 군대를 동원하여 반란을 꾀한 건 아니었으니까.

상관을 불법 납치하고 연행하다

합동수사본부장이 된 전두환은 수사 과정에서 무소불위의 권력을 휘둘렀어. 누구든 영장 없이 잡아들여서 죄를 묻고 감옥에 가둘 권한을 가졌기 때문이야. 전두환은 대통령 집무실인 청와대를 수색하면서 금고에 든 비밀자금을 발견했는데, 이 돈을 멋대로 나눠 주고 써 버리기까지 했어.

계엄사령관 정승화는 그런 전두환이 못마땅했고, 자신의 명령이나 지시를 무시한다고 보았어. 결국 전두환을 합동수사본부장이란 중요한 자리에 계속 두어서는 안 되겠다고 생각했지.

전두환은 국내외의 모든 정보를 수집하고 있었기에 정승화가 자신을 내치려 한다는 것도 미리 알았어. 그래서 자기 상관인 정승화 계엄사령관을 붙잡아 조사해야겠다고 생각했지. 한마디로 자신이 위기에 처하자 미리 선수를 치겠다고 한 거야. 하지만 계엄의 총책임자인 계엄사령관을 체포하는 건 쉬운 일이 아니야. 대통령이 허락해야만 가능한 일이었지.

그런데도 전두환은 막무가내였어.

1979년 12월 12일 저녁, 전두환은 자기 휘하의 수사관들과 헌병대를 정승화 계엄사령관이 머무르는 공관으로 보냈어. 정승화가 김재규에게 동조했다는 혐의가 있으므로 이

체포되는 계엄사령관 정승화 1979년 12월 12일, 전두환은 박정희 살해 사건에 관련됐는지 조사한다는 명목으로 상관인 계엄사령관을 불법 체포하였어. (사진·뉴스 화면)

를 조사해야 한다면서 조사받는 곳(보안사령부)으로 가자고 했지.

 정승화가 응하지 않자, 수사관들은 정승화의 두 팔을 강제로 붙잡았어. 대통령의 허락을 받지 않았는데도 받았다고 거짓말을 하고, 대통령이 허락했는지 안 했는지 알아보

12·12 군사 반란의 주역들 전두환(맨 앞줄 왼쪽에서 다섯 번째)을 중심으로 하는 군내 비밀 사조직 하나회 멤버들은 계엄사령관을 불법으로 체포하는 12·12 군사 반란을 일으켜 권력을 장악했어. (사진·위키피디아)

려고 전화하는 정승화의 부하에게 총을 쏘았어. 밖에서 대기하던 헌병대는 창문을 깨고 공관으로 들어와 정승화의 얼굴에 총구를 들이댔지. 그야말로 불법 납치였던 거야.

이 사건을 '12·12 군사 반란'이라고 해. 별 두 개짜리 보안사령관이 별 네 개 계엄사령관을 불법으로 체포하는 '하극상'을 벌인 거야. 그러나 이 사건은 불법 연행만으로 끝나지 않았어. 같은 편끼리 총부리를 겨누는 심각한 상황으로 번지게 되니까. 국가가 한순간 엄청난 위기에 맞닥뜨리게 된 셈이지. 12·12 군사 반란에 대해서는 2부에서 자세히 이야기할게.

아무튼 전두환은 계엄사령관 정승화를 불법 연행하고 가둠으로써 군부를 자기 손아귀에 넣게 돼. 그러나 이 사건 때문에 전두환 자신도 역사적 심판을 피할 수 없게 되지.

당시 국민은 이런 엄청난 사건이 벌어졌다는 걸 알았을까? 밤에 마음대로 돌아다닐 수 없는 통행금지가 있었고, 지금처럼 정보통신기술이 발달한 시대가 아니라서 무슨 일이 일어났는지 알 수 없었어. 더구나 권력욕에 사로잡힌 전두환이 얼마나 위험한 자인지 전혀 몰랐지.

이렇듯 10월 26일과 12월 12일 밤은 어둠이 짙게 드리워져 한 치 앞도 보이지 않은 절망의 밤이었어.

제2부
12·12 군사 반란

1979년 12월 12일 밤에 벌어진 사건을 '하극상에 의한 군사 반란'이라고 해. '하극상'이란 계급이나 신분이 낮은 사람이 부당한 방법으로 윗사람을 꺾어 누르거나 없애는 것을 뜻해. 계급 구분이 뚜렷하여 상관의 명령을 반드시 따라야 하는 군대에서 하극상이란 절대로 있을 수 없는 일이야.

대한민국 정부가 세워진 다음 일어난 첫 번째 하극상은 1961년 5월 16일 새벽에 일어난 '5·16 군사 반란'이었어. 별 두 개를 어깨에 단 육군 소장 박정희가 국민이 투표해서 만든 합법 정부를 군대를 동원한 무력으로 뒤엎었으니까.

그런데 이렇게 헌법 질서를 무참히 짓밟는 일이 박정희가 살해된 뒤에 또 일어나리라 예상했을까? 불행하게도 박정희가 살아 있을 때부터 이미 반란의 씨앗이 심어져 쑥쑥 자라고 있었어.

'하나회'라는 비밀 사조직

1973년 4월, 보안사령부는 당시 수도경비사령관이었던 윤필용과 육군 장교 열세 명을 잡아들여 고문하면서 조사했어. 반란을 모의했다는 정보가 있었기 때문이지. 윤필용은 1972년 가을쯤에 중앙정보부장 이후락에게 이런 말을 했어.

"박정희 대통령이 늙었으니 물러나게 하고, 이후락 당신이 후계자가 되어야 한다."

후계자를 극도로 싫어한 박정희는 즉각 조사하라고 지시

윤필용 사건으로 조사받는 군인들(오른쪽부터 윤필용, 손영길) 보안사령부는 윤필용 사건을 조사하던 중 손영길 준장이 속한 군내 비밀 사조직 하나회에 대해 알아냈어.

했어. 그건 박정희에게 반역이나 마찬가지였으니까.

'윤필용 사건'에서 드러난 하나회

보안사령부는 윤필용 등 관련자들을 조사하는 과정에서 손영길 준장(별 하나)이 속한 군내 비밀 사조직 '하나회'

를 알아냈어. 당시 보안사령관 강창성이 박정희에게 이 사실을 보고하자, 박정희는 모르는 척을 했어. 상명하복(윗사람의 명령에 아랫사람이 그대로 따름)해야 하는 군대에서 비밀 사조직이란 절대로 용납할 수 없는 거야. 언제든 그 조직을 활용해서 반란을 일으킬 수 있으니까. 그런데도 박정희는 더 수사하지 말라고 하면서, 수사한 보안사령관을 낮은 자리로 내쳐 버렸어. 하나회의 리더인 손영길 준장을 처벌하는 선에서 그쳤고, 결국 2인자 전두환이 하나회의 우두머리가 되었지.

하나회가 만들어진 해는 1964년이야. 전두환, 노태우, 손영길, 김복동, 정호용, 권익현 등 육군사관학교 11기가 주도하여 만들었지. 그들에게는 4년제 정규 육군사관학교 졸업생이라는 특권 의식이 있었어. 자기들을 사실상 '육사 1기'라고 여긴 거야. 육군사관학교는 한국전쟁 중인 1951년에 정식 개교했는데, 그전까지는 몇 개월쯤 훈련받고 장교가 되었기에 제대로 된 교육을 받았다고 할 수 없었지.

하나회 주역 전두환(왼쪽)과 노태우(오른쪽) 1964년 육군사관학교 11기가 주도하여 만들어진 하나회는 대통령 박정희를 충실히 따르는 군내 비밀 사조직이었어. (사진·위키피디아)

　1963년 대통령이 되려고 한 박정희는 당시 대위였던 전두환에게 국회의원으로 출마하라고 권유했어. 하지만 전두환은 이렇게 대답하면서 거절했어.
　"각하, 군대 내부에도 각하를 추종하는 세력이 하나쯤은 있어야 하지 않겠습니까?"
　이 말 한마디로 전두환은 박정희를 충실히 따르는 비밀 사조직을 만들었어. 군사 반란으로 정권을 잡은 박정희 역시 자신을 든든하게 지켜 줄 친위부대가 필요했던 거야. 각자의 이익이 맞아떨어져서 생긴 것이 바로 하나회란 괴물 조직이었지.

자기들끼리 서로 밀어주고 끌어 주다

전두환은 박정희의 비호 아래 조직을 탄탄하게 꾸려 갔어. 전두환을 비롯한 육사 11기는 조직에 충성할 똑똑한 후배들을 눈여겨보고 비밀리에 불러 철저히 심사한 뒤 조직에 가입시켰어. 가입자는 무릎 꿇은 채 오른손을 펴고 이렇게 선서했지.

하나, 국가와 군을 위해 충성을 다하라.
하나, 선후배와 동료들에 의해 합의된 명령에 복종한다.
하나, 회원 상호 간에 경쟁하지 않는다.
하나, 의리와 맹세를 저버리면 인간적 자격을 박탈당하는 것
　　　을 각오한다.

군인은 오로지 국가와 국민을 위해 충성을 다해야 해. 그런데 하나회 회원은 자기 조직의 선후배와 동료의 명령에 복종하고, 그들끼리의 의리와 맹세를 저버리면 인간 이하로 취급당한다고 맹세한 거야. 국가와 국민보다 사조직의 이익을 먼저 생각하는 군인 같지 않은 군인들이었어. 마피아나 야쿠자 같은 조직폭력단이라고 해도 틀린 말은 아니었지.

그들은 하나회 회원이라고 남들에게 절대 밝히지 않았어. 그러면서 군내 요직을 차지하고 그 자리를 후배들에게 물려 주었지. 자기들끼리 서로 밀어주고 끌어 주면서 자기들의 위상을 과시했어. 다른 장교들과 비교도 안 될 만큼 진급이 빨랐는데, 하나회 수장 전두환이 가장 빨랐어. 1955년 소위로 임관한 전두환은 18년 만인 42세에 별 하나를 달았으니까. 게다가 그들은 경상도 출신 위주로 조직을 꾸렸어. 박정희 역시 경상도 출신이라서 자기 고향 출신으로 구성된 비밀 사조직이 필요했던 거야.

이렇듯 그들은 박정희를 든든한 뒷배로 두어 기고만장해졌고, 자기 선배나 상관을 무시하기 일쑤였지. 마침내 전두환은 하나회의 막강한 힘을 바탕으로 군사 반란을 모의하기에 이르렀어.

보안사령관 전두환의 야욕

1979년 12·12 군사 반란이 일어났을 때 대통령은 최규하였어.

최규하는 박정희 유신정권의 국무총리였지만, 1979년 10월 26일 박정희가 죽임을 당한 뒤 자동으로 대통령 권한대행이 되었고, 같은 해 12월 6일 제10대 대통령 선거에서 정식 대통령으로 선출되었어.

허수아비 대통령

1972년 유신헌법이 공표되면서 국민은 더 이상 대통령을 직접 뽑을 수 없게 되었어. '통일주체국민회의'라는 이상한 기구에서 대통령을 선출했어. 통일주체국민회의의 대의원은 모조리 독재 정권을 따르는 자들이라서 박정희는 죽을 때까지 대통령을 할 수 있었어.

유신헌법에 따르면, 대통령이 자리에 없게 되었을 때 3개월 안에 후임자를 선출해야 해. 국민 대다수는 직접 대통령을 뽑고 싶어 했지만, 여전히 서슬 퍼런 유신 독재 정권이었기에 대통령 권한대행인 최규하가 단독 출마하여 대통령이 되었지.

최규하는 박정희의 남은 임기 5년을 다 채우지 않겠다고 하면서 되도록 이른 시일 안에 헌법을 고쳐서 다시 선거할 것이라고 밝혔어. 다시 말해 최규하는 국민이 직접 뽑은 정식 대통령이 아니라 임시 대통령이었어. 조금 낮춰서 말하

제10대 대통령 최규하 최규하는 1979년 12월 6일 정식 대통령으로 선출되었지만, 실권이 없는 허수아비 대통령이었어. (사진·뉴스화면)

면 허수아비 대통령이었지. 그래서 대통령이긴 해도 막강한 대통령 권한을 쓸 수 없었고, 계엄사령관에게 이래라저래라할 처지도 아니었지. 곧 박정희가 살해된 10·26 사태 이후 계엄령이 선포되었을 때 계엄사령관은 대통령에 버금갔다고 할 수 있어.

정규 육사 출신이 아닌 계엄사령관

계엄 상황에서 계엄사령관의 권한이란 대단한 거야. 사회 질서를 유지한다는 이유로 행정권과 사법권 일부까지 통제할 수 있으니까. 대통령이 굳건하다면 대통령의 명령을 받지만, 대통령이 있으나 없으나 하면 누구도 건드릴 수 없는 자리인 거지. 하지만 당시 군은 다른 세력이 장악하고 있었어.

군에는 매우 중요한 자리로 셋을 둘 수 있는데, 그것은 수도경비사령부(현재 수도방위사령부), 보안사령부(현재 방첩사령부), 특수전사령부야.

먼저 수도경비사령부(수경사)는 우리나라 수도인 서울을 방위하는 막중한 임무를 맡고 있어. 오로지 대통령의 명령만으로 작전을 수행하는 유일한 부대야.

두 번째 보안사령부(보안사)는 앞에서 이야기했듯이, 국방부 직할의 수사 정보기관으로 군사에 관한 정보를 수집하고 군사 보안과 방첩, 범죄 수사를 목적으로 해. 그렇지만 박정희 독재 정권 시절 보안사는 정권에 반대하는 사람들을 잡아다가 고문하고 죽음에 이르게 했지. 보안사령관은 대장인 육군참모총장도 두려워하는 권력자였어. 보안사에 걸리면 별 네 개 대장도 군복을 벗어야 했으니까.

세 번째 특수전사령부(특전사)는 육군에 소속된 부대인데, 유사시 적진에 깊숙이 침투하여 게릴라전을 펼치고, 요인을 암살하고 인질을 구출하며, 주요시설을 폭파하는 등 특수작전을 전문적으로 수행해. 서울 인근에 배치되어 있어서 언제든 특수작전에 투입될 수 있어. 흔히 '공수부대'라고 불리기도 해.

10·26 사태 이후 계엄사령관은 육군참모총장인 정승화 대장이었어. 수도경비사령관은 장태완 소장이고, 특전사령

관은 정병주 소장이었지. 이 셋은 모두 정규 육사 출신이 아니었어.

전두환과 하나회는 정규 육사 출신이 아닌 이들을 어떻게 바라보았을까? 당연히 깔보며 업신여겼겠지. 그러면서 자신들의 강력한 보호자 박정희가 사라졌기에 불안도 느꼈을 거야. 계엄사령관이 마음만 먹으면 보안사령관쯤은 단칼에 날려버릴 수 있으니까. 나머지 하나회 회원들 또한 한직으로 내쳐질 수 있었지. 전두환은 가만히 두고 보기만 했을까? 결코 아니야. 그에게는 계엄사령부보다 더 힘센 하나회가 있었거든.

군 요직을 차지한 하나회 회원들

박정희 대통령이 살해된 후 선포된 비상계엄령은 보안사령관 전두환에게 날개를 달아 준 격이었어. 그는 정치적 야욕과 권력욕이 강한 사람이기 때문이었지. 게다가 하나회라는 막강한 조직도 뒷받침하고 있었어.

  수경사령관은 장태완이지만, 그 밑에 있는 제30경비단 단장과 제33경비단 단장은 하나회 회원이었어. 곧 장세동과 김진영이었지. 제33헌병대 대장 최석립과 헌병단 단장 조홍, 헌병단 부단장 신윤희도 하나회였어.

  특전사령관은 정병주이지만, 그 밑에 있는 제1공수특전여단장, 제3공수특전여단장, 제5공수특전여단장은 각각 박희도, 최세창, 장기오로 다 하나회 소속이었어.

  다시 말해서 하나회가 수경사와 특전사까지 일부 장악한 셈이었어. 이들은 언제든 전두환의 명령에 따라 자기 상관을 배신할 준비가 되어 있었지. "선후배와 동료들에 의해 합의된 명령에 복종한다"라고 선서했으니까.

군의 지휘권을 잡기 위한 선제공격

  어느 날 정승화 육군참모총장 겸 계엄사령관은 국방부

장관 노재현을 만났어. 그때 정 총장이 노 장관에게 전두환 소장을 바꿔야겠다고 건의했어. 월권과 마찰이 심해서 아무래도 안 되겠다고 판단했지. 이에 노 장관은 좀 더 두고 생각해 보자며 사실상 거절했어.

이 대화가 전두환의 귀에 들어갔어. 보안사는 수단 방법을 가리지 않고 도청과 감청을 할 수 있으니까. 마침내 전두환은 자신이 내쳐지기 전에 먼저 정승화 측을 몰아내야겠다고 결심했지.

12월 12일 정승화 총장을 강제 연행하기 닷새 전인 12월 7일, 전두환은 동기 노태우 소장을 서울로 불러들였어. 노태우는 당시 제9보병사단장이었는데, 제9보병사단은 일명 '백마부대'로 휴전선 앞 전방을 책임지는 중요한 부대야. 전두환과 노태우는 정승화 총장 강제 연행 계획에 여러 장성을 끌어들인다는 방침을 세우고 장성 10여 명을 포섭하기 시작했어.

이때 포섭한 장성은 제1군단장 황영시 중장, 국방부 군수차관보 유학성 중장, 수도군단장 차규헌 중장, 제50보병사단장 정호용 소장, 제20보병사단장 박준병 소장, 제71방위사단장 백운택 준장이었어. 황영시, 유학성, 차규헌은 전두환과 노태우보다 위였지만, 정규 육사 출신이 아니라서 하나회 회원이 아닌 후원자에 불과했어. 정호용과 백운택은 전두환, 노태우와 같은 육사 11기였고, 박준병은 12기였어. 그 외 장성은 모두 전두환의 후배 기수였지.

그런데 전두환은 이미 11월 중순쯤부터 정승화 총장을 연행하고 조사하는 등 군 개조 방안을 논의했다고 해. 곧 김재규가 박정희를 죽인 뒤 보름밖에 지나지 않았을 때부터 군의 실권을 손아귀에 넣으려고 했던 거야. 어쩌면 그는 박정희가 죽은 뒤 나라가 민주화로 나아가는 걸 막고 싶었던 것일지도 몰라. 자신의 권력욕을 채우는 데 민주주의가 걸림돌이 되기 때문이지.

총칼로 반란을 일으킨 전두환

1979년 12월 12일 저녁 7시 20분, 서울 한남동에서 느닷없이 총소리가 울려 퍼졌어. 곧바로 총소리가 콩 볶듯 이어졌지. 육군참모총장 공관을 경비하는 군인들과 전두환이 보낸 헌병들이 총격전을 벌인 거였어.

이날 전두환의 신군부가 계획한 작전명은 '생일 집 잔치'였어.

작전명 '생일 집 잔치'

전두환과 노태우, 그리고 그들의 비밀 사조직 하나회를 통틀어 '신군부'라고 일컬어. 박정희 통치 아래에서 육군참모총장 등 군의 최고 권력을 가진 이들이 옛 군부라면, 전두환과 노태우 등 다소 젊은 군인들의 집단은 새로운 군부, 곧 신군부라고 할 수 있지.

신군부 세력은 12월 12일 저녁 경복궁 안에 있는 수도경비사령부 제30경비단장실로 모였어. 유학성, 황영시, 차규헌, 노태우, 박준병, 백운택, 박희도, 최세창, 장세동, 김진영, 허화평이었지. 이들은 반란군의 지휘관이었어.

같은 시간에 전두환은 정병주 특전사령관, 장태완 수경사령관, 김진기 육군본부 헌병감을 서울 연희동의 한 식당에 초대해 놓은 상태였어. 계엄 업무로 수고가 많다며 저녁을 대접하기로 한 거야. 하지만 전두환은 그 자리에 나타나지 않았어. 이 셋을 한자리에 모이게 한 것은 그들이 자신의 반란을 진압할 지휘관이었기 때문이야. 그들을 한곳에 묶어 놔야 정승화 총장을 계획대로 체포할 수 있어서였지.

전두환의 수하 수사관들이 정승화 총장의 공관에 들어갔을 때, 정 총장은 처가에 가기 위해 외출복으로 갈아입고 2층 거실에서 TV를 보고 있었어. 보안사 인사처장 허삼수 대령이 정 총장에게 이렇게 말했지.

"총장님께서 김재규로부터 많은 돈을 받았으니 진술을 녹음해야겠습니다. 녹음 준비가 된 곳까지 가 주셔야겠습니다."

느닷없이 자신을 연행하겠다고 하자 정 총장은 불같이 화를 냈어.

"이놈들! 누가 그따위 지시를 하던가? 내가 계엄사령관인데, 대통령 이외에 그런 지시를 할 사람이 없는데 대통령이 그런 지시를 했다고?"

최규하 대통령은 보안사령관 전두환에게 정 총장을 체

포하라고 지시한 적이 없었어. 그런데도 정 총장을 연행하러 간 수사관들은 태연하게 거짓말을 했지.

"그렇습니다."

"만약 그렇다면 대통령이 직접 전화라도 있을 텐데, 내가 직접 확인하기 전까지는 이런 조사에 응할 수 없어. 부관! 총리공관이나 장관에게 전화를 대."

정 총장의 부관 이재천 소령이 정 총장에게 뛰어오는 순간, 수사관들은 정 총장의 양쪽 팔을 꽉 붙잡았어. 이 소령이 수화기를 들어 전화하려는 찰나, 수사관 중 하나가 권총을 꺼내 이 소령의 등을 향해 쏘았어. 이 총소리는 12·12 군사 반란의 시작을 알리는 신호탄이었어.

수사관들은 서둘러 정 총장을 데리고 공관 밖으로 빠져나왔어. 이미 전두환에게서 대통령의 허락이 없더라도 정 총장을 붙잡아 오라는 지시를 받았거든. 그 후 공관에서는 난데없는 총격전이 벌어졌어. 아군끼리 무차별로 총을

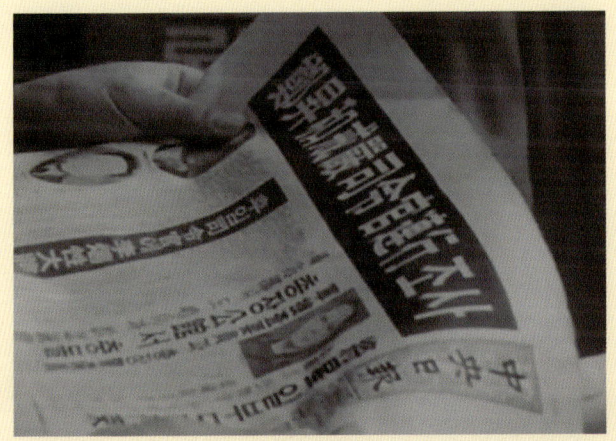

계엄사령관 체포를 알리는 신문 기사 1979년 12월 12일, 정승화 계엄 사령관은 전두환의 지시로 불법 체포되었어. (사진·뉴스화면)

재판정에 들어서는 계엄사령관 정승화 계엄 사령관은 대통령 살해 사건에 연루되었다는 죄목으로 재판을 받았어. (사진·뉴스화면)

쏘기 시작했지. 일단 신군부는 정 총장을 강제로 붙잡아 합동수사본부(보안사)로 데려오는 데 성공했어.

총소리에 놀라 도망간 국방부 장관

연희동 식당에 모여 있던 정병주, 장태완, 김진기는 육군 참모총장 공관에서 총소리가 났다는 소식을 전해 듣고 상황이 심상치 않다는 걸 깨달았어. 그들의 머릿속에 '북한의 간첩'이란 생각이 스쳐 지나갔지. 그때까지만 해도 전두환의 신군부가 정 총장을 강제 연행했다는 사실을 몰랐던 거야. 그들은 서둘러 자신이 지휘할 부대로 복귀했어.

한편 전두환은 서울 삼청동 총리공관에 있는 최규하 대통령을 찾아가 정승화 총장 연행을 허락해 달라고 요청했어. 하지만 최 대통령은 국방부 장관이 자신에게 보고하지 않았다는 이유로 거절했지.

전두환은 어쩔 수 없이 반란 세력이 모여 있는 경복궁으

국방부 장관 노재현 12·12 군사 반란 당시 국방부 장관이었던 노재현은 반란을 진압하기는커녕 도망가기에 바빴어. (사진·위키피디아)

로 돌아왔어. 그러면서 같은 하나회 소속인 정동호 대통령 경호실장 직무대리와 고명승 경호실 작전담당관에게 총리 공관의 출입을 통제하라고 일러 놓았어. 누구도 최 대통령에게 접근하지 못하게 하면서 최 대통령이 신군부의 계획에 어긋나는 행동을 하지 못하도록 한 거야. 이미 대통령 머리 위에 있던 거지.

그런데 이 위급한 때에 국방부 장관은 어디서 무엇을 하고 있었을까? 국방부 장관 노재현은 육군참모총장 공관에서 총소리가 나자, 가족과 함께 공관을 빠져나와 어디론가 도망쳐 버리고 말았어. 한 나라의 국방을 책임진 장관이 무슨 일이 벌어졌는지 확인도 하지 않은 채 자기 목숨만 지키려고 한 거야. 그는 공관 가까이에 있는 한 대학교에 들어갔다가 용산 미군기지 내 한미연합군사령부로 이동했어. 그 후 국방부로 갔는데, 때마침 국방부로 쳐들어온 반란군에게 붙잡히고 말았어. 노재현은 반란이 일어난 와중에 이를 진압하기는커녕 도망치기에 바빴어. 결국 전두환 앞에 끌려오고 말았지.

진압군을 농락한 반란군

장태완 수경사령관과 정병주 특전사령관은 전두환이 반란을 일으켰다는 사실을 깨닫고, 늦게나마 반란군을 진압하기 위해 부대원을 소집했어. 그런데 문제는 그들의 부하들이 자기 부대에 있지 않고 경복궁에 모여 있다는 거였어. 수경사 제30경비단장 장세동, 제33경비단장 김진영, 특전

반란군에 대항한 장군들 장태완 수경사령관(왼쪽)과 정병주 특전사령관(오른쪽)은 12·12 군사 반란군들을 진압하려고 애썼지만, 배신한 부하들 때문에 결국 실패하고 말았어. (사진·위키피디아)

사 제1공수특전여단장 박희도, 제3공수특전여단장 최세창, 제5공수특전여단장 장기오 등이었어.

장태완 소장은 탱크를 몰고 가서 반란군의 소굴인 경복궁 제30경비단을 쓸어 버리겠다고 큰소리를 쳤지만, 그의 부하들은 꿈쩍도 하지 않았어. 직속상관의 명령에 따르지 않는 그들은 이미 군인이 아니었지.

장태완은 남은 병력을 모아 반란군을 진압하려고 나섰지만, 수가 너무 적었어. 정병주 소장도 반란을 도모한 부하들을 잡아들이려 했지만, 세 개 여단이 하나회 소속이고 나머지 제9공수특전여단 역시 보안사의 공작에 넘어가 출동하지 못했어. 보안사는 지휘관들의 통화를 모두 감청해서 그들이 무엇을 하려는지, 어디로 출동하려는지 다 꿰차고 있었으니까.

신군부의 교활함은 더 있었어.

육군참모차장과 신사협정을 맺어 서로 병력을 출동시키지 않기로 약속했어. 서울 한복판에서 아군끼리 전쟁을 벌이면 안 되기 때문이었지. 그런데 신사협정을 맺은 건 잠시 시간을 벌기 위해서였던 거야. 결국 전두환은 신사협정을 깨고 1, 3, 5공수여단장인 박희도, 최세창, 장기오에게 잇달아 출동 명령을 내렸어.

"1공수여단은 국방부와 육군본부를 점령하라."

"3공수여단은 특전사 본부로 가서 정병주 사령관을 체

포하라."

"5공수여단은 효창운동장으로 가서 대기하라."

그뿐 아니라 노태우가 사단장으로 있는 9사단 병력과 30사단 병력, 전차대대까지 중앙청으로 출동하라고 지시했어. 9사단 30연대 참모장 구창회는 사단장 노태우에게서 명령을 받고 출동하면서도 직속상관인 3군사령관에게 "연대 출동 안 합니다"라고 태연히 거짓말을 했어. 약속을 저버리고 거짓 보고를 일삼는 파렴치한 모습은 반란 내내 계속되었지.

국방부와 육군본부를 지키는 병력은 턱없이 모자라 공수부대에 즉각 제압당했어. 육군본부에 있던 지휘관들이 모조리 체포되었고, 그 과정에서 반란군의 총탄에 맞아 상처를 입었어. 그리고 수경사에 있으면서 반란군 진압에 가장 용감하게 앞장섰던 장태완 사령관도 체포되고 말았지. 국방부 건물의 어느 창고에 숨어 있던 노재현 국방부 장관은 반란군에 발각되어 끌려 나오는 치욕을 겪었고.

 이렇듯 12일 밤부터 13일 새벽까지 반란군은 전두환의 지시에 따라 직속상관에게 반기를 들었을 뿐 아니라 직속상관을 체포하기까지 했어.

반란 사실을 까맣게 몰랐던 국민들

 신군부의 반란은 성공했어. 전두환은 노재현 장관에게 정 총장 체포 서류를 내밀었어. 노 장관은 말없이 서명한 뒤, 전두환과 함께 최규하 대통령에게 갔지. 국방부 장관의 보고를 받은 최 대통령도 서류에 서명했어. 새벽 5시가 훌쩍 넘은 시각이었지. 이것은 '사후 재가'인데, 이미 일을 저질러 놓고 나서 허락받은 것으로 명백한 불법이야. 최규하 대통령은 서류에 사후 재가한 시각을 써 놓았어. 그 서류가 강압에 의한 것임을 나중에 증명하도록 한 거야.

12·12 군사 반란 후 중앙청 앞 12월 12일 밤부터 13일 새벽까지 일부 군 지휘관들과 병력이 반란을 일으켰지만, 대부분 국민은 까맣게 모르고 있었어. (사진·뉴스화면)

    12월 12일 밤부터 13일 새벽까지 일부 군 지휘관들과 병력이 반란을 일으킨 사실을 대다수 국민은 까맣게 모르고 있었어. 신문은 한 줄도 못 쓰고, 방송은 한마디도 하지 못했어. 당시 여당인 공화당 정치인들과 야당인 신민당 정치인들도 알지 못했어. 우리나라의 평시 작전권을 갖고 있던 주한미군도 이 군사 반란을 막지 못했어.

12월 13일 아침, 중앙청 앞 광화문을 지나는 시민들은 포가 달린 군용 지프가 서 있는 걸 바라보았어. 계엄 상황이니까 으레 무장한 군인과 군용차가 있으려니 생각했지, 간밤에 나라를 뒤흔든 반란이 일어났다는 건 알아차리지 못했을 거야.

군사 반란에 맞서 군인 정신을 지킨 군인들

전두환과 신군부가 일으킨 반란 과정에서 여러 군인이 희생되었어. 그들은 명령만 따랐을 뿐인데 총에 맞아 다치거나 전사했어. 전두환 일당은 결코 그들을 기리지 않았어. 그저 불의한 권력을 잡기 위한 희생양일 뿐이었으니까.

병사와 하급 간부들

장선엽 병장은 국방부 헌병대 소속이었어. 반란군이 국

방부와 육군본부를 점령하려고 쳐들어왔을 때, 국방부와 육군본부를 연결하는 지하 벙커에서 근무하고 있었지. 장 병장은 반란군을 보고 대응 사격을 한 뒤 후퇴하다가 총에 맞아 숨을 거두었어.

김인선 대위는 정승화 계엄사령관의 경호대장이었어. 보안사 소속 군인에게 서너 발이나 총을 맞았지만, 기적적으로 살아났어

반란군에 의연히 맞선 김오랑 중령

김오랑 소령(나중에 '중령'으로 특진)은 정병주 특전사령관의 비서실장이었어. 반란군이 정 사령관을 잡으러 특전사령관실로 쳐들어왔을 때 끝까지 사령관을 지키다 총에 맞아 세상을 떠났어. 교전이 일어나기 전에 전두환의 신군부가 반란군 편에 들라고 회유했지만, 끝내 거절하고 홀로 반란군에 맞섰지. 당시 그의 나이는 35세였어.

김오랑 중령 정병주 특전사령관의 비서실장이었던 김오랑 소령(나중에 중령으로 특진)은 끝까지 사령관을 지키다 반란군의 총에 맞아 세상을 떠났어. (사진·위키피디아)

    1979년 12월 12일 저녁, 김 소령은 아내에게 전화했어. 오늘 저녁도 못 들어갈 것 같아 미안하다고 전했지. 아내는 남편의 갑작스러운 죽음에 큰 충격을 받아 두 눈의 시력을 완전히 잃고 말았고, 김 소령의 부모는 화병으로 세상을 떠났어. 아내는 1991년 노태우 정부 시절 하나회를 상대로 손해배상 소송을 걸었다가 의문의 죽임을 당했어. 김오랑의 아내를 죽인 자는 끝까지 밝혀지지 않았지. 2014년 정부는 김오랑의 군인 정신을 높이 기려서 보국훈장 삼일장을 추서했어.

이재천 소령은 정승화 계엄사령관의 수행부관이었어. 정사령관에게서 대통령이나 장관에게 전화하라는 지시를 받고 수화기를 들던 순간, 반란군의 총에 가슴을 맞았어. 총알이 간을 스쳐 가서 다행히 목숨을 건질 수 있었지.

하소곤 소장은 육군본부 작전참모장이었어. 당시 수도경비사령부에 있다가 육군본부 지휘부를 체포하러 온 반란군의 총에 가슴을 맞았지. 다행히 생명을 잃지는 않았어.

정병주 장군과 장태완 장군

특전사령관 정병주 소장은 체포당할 때 팔에 총상을 입은 채 보안사로 끌려가 모진 고문을 당했어. 피를 너무 많이 흘려서 병원에 옮겨질 만큼 보안사 수사관들은 그를 무자비하게 대했지. 결국 강제로 군복을 벗어야 했고, 민간인이 된 뒤에도 늘 감시받으며 살아야 했어.

그는 천주교에서 세례를 받아 열심히 신앙생활을 하면서

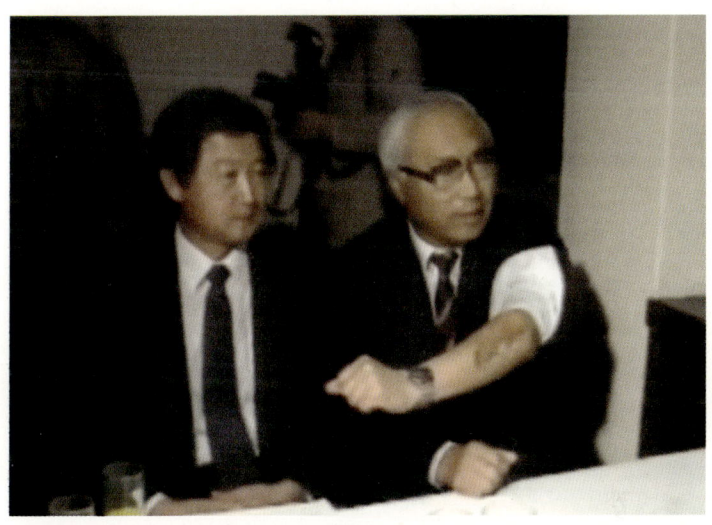

12·12 군사 반란 당시를 증언하는 정병주 특전사령관(오른쪽)과 김진기 헌병감(왼쪽) 정병주 특전사령관은 체포당할 때 팔에 총상을 입은 채 보안사로 끌려가 모진 고문을 받았어. (사진·뉴스화면)

전두환의 12·12 군사 반란을 비판했어. 그런데 1988년 10월 중순쯤에 갑자기 실종되었어. 그 후 139일이 지난 1989년 3월 4일, 경기도의 한 산에서 시신으로 발견되었어(향년 62세). 스스로 목숨을 끊었는지 아니면 누군가에게 죽임을 당했는지는 아직도 밝혀지지 않았어. 그의 묘비에는 이름만 쓰여 있어. 직위도 없고 계급도 없이 말이야. 이는 유족의 뜻을 따랐기 때문이라고 해.

"명령을 생명으로 여기는 군인들이 상관에게 총질을 하고도 버젓이 활보하는 세상에 고인이 무슨 할 말이 있겠느냐?"

수경사령관 장태완 소장은 12·12 군사 반란 당시 총상을 입지는 않았어. "마, 너거한테 선전포고다 인마! 난 죽기로 결심한 놈이야!"라고 말할 만큼 반란을 진압하는 데 가장 앞장섰던 의로운 군인이었지. 그 역시 보안사로 끌려가 조사를 받았고, 어쩔 수 없이 강제로 군복을 벗어야 했어.

그의 아버지는 아들이 고초를 당하는 걸 보고 밥도 먹지 않은 채 술만 마시다가 세상을 떠났고, 2년 뒤에는 그의 외아들이 행방불명되었어. 아들은 실종된 지 한 달 만에 어느 산기슭에서 시신으로 발견되었지. 아버지와 아들을 한순간에 잃은 장 소장은 전국을 떠돌아다니면서 가슴속에 쌓인 울분을 토했어. "12·12 반란을 막지 못한 국민의 죄인이자, 가족 3대를 망친 가문의 죄인"이라며 한탄했다고 해.

 장태완은 군사 반란의 주범인 전두환과 노태우가 구속되어 재판받을 때 재판정에 증인으로 나가 당시 상황을 증언했어. 증언을 마친 뒤 전두환과 노태우에게 이렇게 말했다고 해.

 "한때는 함께 국방에 열심을 다하던 입장이었는데 어쩌다 그리되었는지 모르겠소."

 그 후 장태완은 국회의원에 당선되어 주로 국방 분야에서 일했고, 2010년 79세의 나이로 세상을 떠났어.

제3부
5·18 광주의 비극

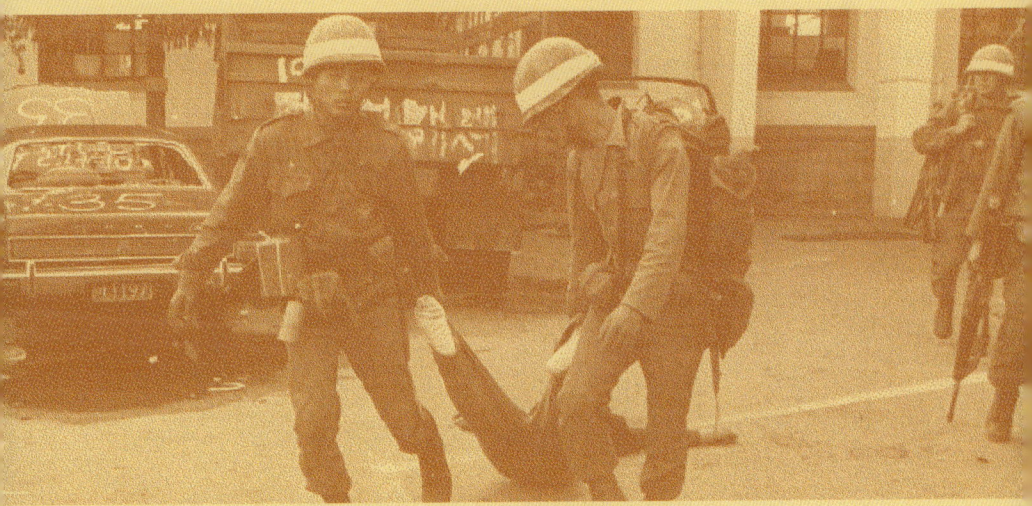

1979년 12월 강추위가 계속되고 있었지만, 국민은 민주화에 대한 희망을 품고 있었어. 박정희의 갑작스러운 죽음을 민주화의 신호탄으로 여기면서 대통령의 권한을 대행하는 최규하 총리가 혼란한 정국을 수습하길 바랐어.

국민의 기본권을 짓밟던 유신헌법이 민주헌법으로 고쳐지기를 기원했고, 그 헌법에 따라 국민이 직접 대통령을 선출하기를 기대했지.

마침 최규하 대통령 권한대행은 그런 국민의 염원에 맞춰 '시국 담화'를 발표했어. 12·12 군사 반란이 일어나기 한 달 전, 11월 10일의 일이야.

최규하 대통령 권한대행의 '시국 담화'

최규하 대통령 권한대행은 1979년 11월 10일 국민 앞에서 특별 연설을 했어.

"새로 선출되는 대통령은 현행 헌법에 규정된 잔여 임기를 채우지 않고 현실적으로 가능한 빠른 시간 내에 각계각층의 의견을 광범위하게 들어 헌법을 개정하고, 그 헌법에 따라 선거를 실시해야 한다는 것입니다."

유신헌법에서 대통령 임기는 6년이었어. 게다가 대통령을 두 번까지 하거나 연이어 할 수 없다는 조항도 없었어. 사실상 죽을 때까지 대통령을 할 수 있었지. 모든 판사, 국회의원의 3분의 1을 대통령이 임명하고 국회도 해산할 수 있어서 입법, 사법, 행정 3권을 모두 대통령이 차지했지.

유신헌법에서 대통령은 입법, 사법, 행정 3권 위에 위치하는 '국가 영도자'라고 쓰어 있었어. 그야말로 왕조시대 임금과 같은 권한을 갖게 되었지.

최규하 대통령이 생각하는 헌법 개정

박정희 대통령은 1978년 유신헌법에 따라 두 번째 당선되었고, 이듬해 세상을 떠났으니 남은 임기는 5년이었어. 11월 10일 최규하 권한대행은 유신헌법에 따라 새 대통령이 뽑혀도 5년 동안 대통령을 하면 안 된다고 밝힌 거였지. 이른 시일 안에 헌법을 고치고, 그 헌법에 따라 선거를 해서 새로운 대통령을 선출하자는 거야. 그게 대다수 국민이 바라는 방식이었어.

그래서 최 권한대행은 혼자 대통령 후보로 출마하여 정식 대통령이 되었어. 대통령이 되자 12월 8일 밤 12시를 기해 악명 높은 '긴급조치 9호'를 해제했어. 유신 반대 투쟁을 한 사람들을 재판에 부치지 않고, 감옥에 갇힌 민주화 운동가들의 남은 형도 면제해 줬어. "새 국가건설에 동참하라"라고 말하면서. 또 1980년 3월 초까지 개헌안을 마련하겠다고 발표했지. 국민은 악몽 같은 유신체제가 끝나고 민주주의의 봄이 온다고 믿었어.

그런데 헌법 개정에 대한 최 대통령의 생각이 조금씩 달라지기 시작했어. 1979년 12월 21일 제10대 대통령 취임식에서 이런 이야기를 했으니까.

"국민 여러분이 잘 아시는 바와 같이, 여러 차례에 걸쳐 여러 가지 형태의 헌법을 제정, 또는 개정하여 시행하여 왔습니다. 1952년 7월에는 1948년에 제정된 헌법에 따른 대통령 간선제를 직선제로 바꾸었으며, 4·19 후 1960년 6월에는 내각책임제의 헌법이 채택된 바 있습니다. …… 5·16 군사혁명 후 1962년 12월에는 민정 이양을 위한 헌법 개정이 있었고, 1972년 12월에 현행 헌법이 채택되었습니다."

최 대통령은 대한민국 정부가 수립된 후부터 대통령을 뽑는 방식이 여러 번 바뀌었다고 이야기했어. 곧 간선제(국회에서 선출)에서 직선제(국민이 직접 선출)로, 직선제에서 내각책임제(국회에서 선출, 국무총리가 실권자)로, 내각책임제에서 다시 직선제로, 직선제에서 다시 간선제(통일주체국민회의에서 선출)로 바뀐 과정을 설명한 거야.

그러나 유신정권의 폭압을 경험한 대다수 국민은 다시 직선제로 바뀌길 바라고 있었어.

최 대통령은 계속 연설을 이어 갔어.

"이 일련의 개헌을 거치는 동안, 우리는 한 번도 정부에 평화적인 이양을 실행하지 못하였으며, 또 경제적 사회적 성장과 정치적 성장 간에는 균형을 이루지 못하여 양자 간에 항상 괴리가 있었던 것입니다.

따라서 금후의 헌법 개정에 있어서는 이 같은 우리의 헌정사의 과오를 깊이 자성하고, 값비싼 경험을 치른 대가를 교훈으로 삼아, 국가적인 견지에서 장래에 후회를 남기지 않을, 또 지속성 있는 민주 발전의 기틀이 되는 그러한 내용이 되어야 할 것입니다."

국민이 원하는 헌법 개정

최 대통령은 직선제로 헌법을 고칠 생각이 없어 보였어. 그의 연설문을 다시 읽어 보면 "한 번도 정부에 평화적인 이양을 실행하지 못했다"라고 하는데, 그렇게 된 이유는 모두 독재를 일삼거나 군사 반란을 일으켰기 때문이야.

이승만 대통령이 간선제를 직선제로 바꾼 건, 자신이 또 대통령이 될 수 없다고 판단해서야. 그런 이승만 독재 정권을 무너뜨린 건 의로운 4·19혁명이었어. 그 혁명으로 세운 새 정부를 1년도 채 되지 않아 불법으로 무너뜨린 건 박정희의 5·16 군사 반란이었지. 박정희는 내각책임제를 다시 대통령 직선제로 바꿔 놓았어. 자기가 힘센 대통령이 되고 싶어서 쿠데타를 일으켰으니까.

그러다가 직선제를 갑자기 간선제로 바꾼 건 박정희의 10월 유신이었어. 이때 박 대통령은 비상계엄을 선포하고 군대를 동원하여 국회를 해산시켰어. 이렇듯 친위 쿠데타를 일으켜 자기 마음대로 헌법을 바꿔 버렸지. 유신헌법은 박정희가 죽을 때까지 대통령이 될 수 있는 법인데 무슨 평화적 정권 이양이 있을 수 있을까?

문제의 원인은 헌법을 내팽개친 대통령과 정치군인의 '독재'와 '군사 반란(쿠데타)'인데, 최규하는 엉뚱한 데서 원인을 찾았어. 그가 새로운 민주헌법에 독재와 쿠데타를 막을 수 있는 장치를 담겠다고 했다면 진정성이 있었을 거야.

최규하도 대통령이 되고 싶어 했을까? 그는 자신이 국가원수로서 외교와 국방을 맡는 대통령이 되고, 일상의 정책

최규하와 전두환 박정희 대통령의 죽음 뒤 대통령이 된 최규하는 허수아비 대통령 역할만 하다가 결국 실권자 전두환에게 권력을 넘겨주어야만 했어. (사진·뉴스화면)

을 집행하는 책임자를 국무총리로 두는 '이원정부제'를 꿈꾸었다고 해.

하지만 군의 실권을 손아귀에 쥔 전두환과 하나회가 가만히 있었을까? 또 대통령을 꿈꾸는 기존의 정치인들도 최 대통령의 생각에 고개를 끄덕였을까? 가장 중요한 건 국민도 그것을 원하지 않았다는 점이야.

민주화의 열기, 1980년 서울의 봄

10·26 사태 후 처음으로 민주화를 요구한 이들은 해직된 교수와 기자, 문인, 그리고 단체에 속한 청년들이었어. 모두 몸을 사리고 숨죽이며 상황을 보고 있을 때 그들이 먼저 용기를 냈지.

1979년 11월 13일에 해직교수협의회, 동아·조선투위(동아일보와 조선일보에서 해직된 기자들 모임), 자유실천문인협회, 민주청년협의회는 '나라의 민주화를 위하여'란 제목의 성명을 발표했어.

"잘못된 유신체제를 빨리 청산하여 민주주의를 회복하고, 새로운 민주헌법을 석 달 안에 제정해야 한다."

학원 자율화 요구와 병영집체훈련 거부

1979년 11월 24일 명동 YWCA 강당. 재야 민주화 세력이 모여서 결혼식을 위장하여 '통일주체국민회의 대의원에 의한 대통령 선출 저지 국민대회'를 열었어. 신랑과 신부 없이 주례자가 인사말을 하면서 유신체제를 비판한 거야. 박정희가 없어져서 유신체제가 끝났는데 또다시 유신헌법에 따라 대통령을 뽑아서는 안 되잖아. 그러면 유신체제는 계속될 것이고, 민주주의와는 영영 멀어지고 말 테니까.

1980년 1월, 겨울방학이 끝나기도 전에 여러 대학교에서 '학원 자율화'를 요구했어. 유신정권 아래에서 각 대학교의 총학생회는 '학도호국단'으로 바뀌었거든. 정권에 반대하는 학생들을 통제하기 위해 총학생회를 없애버린 거야.

학도호국단은 그 이름에서 보는 것처럼 학생들에게 군사 훈련을 강요했어. 그래서 10·26 사태 후 학생들은 학도호국단을 해체하고 총학생회를 다시 만들려고 했어. 그게 학원 자율화야. 학교가 정권의 도구가 되어선 안 된다는 당연한 요구였지.

3월에 각 대학교가 개강을 하자 학생들이 모이기 시작했고, 드디어 총학생회를 만들어서 민주화 투쟁에 나서게 되었어. 3월 28일에 서울대학교 학생들이 총학생회를 출범시켰고, 4월 초까지 주요 대학들이 학생회 구성을 마무리 지었지.

4월 9일에 성균관대학교 학생들은 '병영집체훈련'을 처음으로 거부했어. 병영집체훈련이 뭐냐면, 유신정권 때부터 대학교 1학년 학생은 무조건 군대에 들어가 열흘 동안 군사훈련을 받는 거야. 학생은 군인이 아닌데 군사훈련을 받아야 한다는 게 너무 이상하잖아. 유신정권은 그렇게 학생들을 생각 없이 복종만 하는 독재 정권의 개로 만들려고 한 거야.

최규하 정부는 이런 학생들의 정당한 요구를 묵살하고 경찰을 동원해 무력으로 진압했어. 3월까지 새로운 헌법을 만들겠다고 했지만 지키지 않았고, 유신체제의 잘못된 것들을 없애거나 고치려고 하지도 않았어.

그러던 중에 신군부의 우두머리 전두환은 최 대통령에게 중앙정보부장을 자신이 맡아야 한다고 요구했어. 12·12 군사 반란 후 전두환은 소장에서 중장으로 진급했으며, 군대 내 누구도 그의 위세에 도전할 자가 아무도 없었어. 결국 전두환은 정보부장 자리까지 꿰차고 앉아서 최규하 정부를 쥐락펴락하게 되었지.

서울의 봄, 거리로 쏟아져 나온 대학생들

5월이 되자, 대학생들은 거리로 뛰쳐나갔어.

5월 2일에 서울대학교 학생 1만여 명이 모여 계엄을 해제하라고 요구했어. 박정희가 죽은 지 반년이 지났고, 사회가 어느 정도 안정되었으니 더는 계엄을 유지할 필요가 없었기 때문이야.

5월 13일에 연세대학교 학생들이 중심이 되어 서울의 여섯 개 대학 2,500여 명이 거리로 나갔어.

다음 날에는 서울의 대학생 7만여 명이 교문을 박차고 청와대가 있는 광화문으로 향했어.

15일에는 10만여 명이나 되는 대학생이 서울에 모였고, 지방에서도 스물네 곳의 대학교 학생들이 거리에서 시위를 벌였지.

그런데 15일 오후 3시가 넘으면서 시위 진압을 위해 군대가 투입된다는 소식이 들려왔어. 군인을 잔뜩 실은 차량과 장갑차가 어느 한 곳에 모여 있다는 제보였어. 그때 학생과 시민들은 서울역 앞에 모여서 계엄 해제를 목이 터지라 외쳤는데, 그 시위를 주도하던 학생 지도부는 시위를 중단하

1980년 5월 서울의 봄 1980년 5월이 되자 계엄 해제를 비롯한 민주화를 요구하는 학생들의 시위가 격렬하게 일어나기 시작했어. (사진·뉴스화면)

1980년 5월 15일 서울역 앞에 모인 시위 대학생들 10만여 명의 대학생들이 민주화를 요구하며 서울역 앞에 모였지만 결국 시위를 중단하고 '서울역 회군'을 했어. (사진·뉴스화면)

고 흩어지자고 결정했지. 만약 밤에 무장한 군대가 시위대를 진압하면 끔찍한 일이 벌어질지도 모른다고 생각했기 때문이었어.

이 사건을 '서울역 회군'이라고 해. 이는 고려 말 이성계 장군의 '위화도 회군'에 빗댄 말로, 민주화를 요구하던 학생과 시민들이 서울역 앞에서 발길을 돌렸다는 뜻이야. 그들은 다음을 기약하기로 한 것일 뿐, 군대가 무서워서 민주화 투쟁을 그만둔 게 아니었어.

5월 17일 비상계엄 전국 확대

대학생과 재야단체들이 목숨을 걸고 민주주의를 부르짖을 때, 전두환과 신군부는 무엇을 하고 있었을까?

그들은 군대라는 막강한 무력을 손에 쥐고 있었어. 12·12 군사 반란을 성공한 뒤 계엄사령관부터 시작해 군의 중요한 자리는 모조리 신군부가 차지했지. 계엄사령관 이희성, 육군참모차장 황영시, 수도경비사령관 노태우, 특수전사령관 정호용……. 그렇다고 해서 대통령이 속한 행정부까지 손에 넣은 건 아니었어. 또 유력한 정치인들을 몰아낸 것도 아니었고.

정보처 부활과 K-공작계획

전두환과 신군부의 최종 목적이 그저 군권을 장악하는 것이었을까? 그들이 군권을 손아귀에 쥔 까닭은, 그 군권으로 정권을 도둑질하기 위해서였어. 박정희처럼 반란을 일으켜서 현 정부를 무너뜨리고 정권을 빼앗는 것이었지.

그렇게 하려면 어떤 방식을 쓰는 게 좋을까? 박정희처럼 새벽에 군대를 몰고 와서 기습하는 게 좋을까? 아니면 차근차근 계획을 세워서 국민이 알게 모르게 정권을 야금야금 빼앗는 게 좋을까? 전두환과 신군부가 선택한 방식은 두 번째였어.

12·12 군사 반란을 세계에서 가장 오래 진행된 쿠데타라고 이야기해. 그건 박정희가 일으킨 5·16 쿠데타처럼 하

루 만에 일어난 사건이 아니란 거야. 곧 전두환과 신군부의 반란은 정승화 계엄사령관을 강제 연행한 1979년 12월 12일부터 비상계엄을 전국으로 확대한 1980년 5월 17일까지라고 보는 거지. 다시 말해 하극상을 벌여 군권을 장악한 1979년 12월 12일 다음 날부터 집권 시나리오를 짜고 차근차근 실행해 갔다고 할 수 있어.

우선 전두환은 1980년 2월에 자신이 속한 보안사령부 안에 '정보처'를 복원했어. 이 정보처에서 민간인을 상대로 정보를 수집하라고 지시했지. 보안사령부가 정보를 수집하는 대상은 반드시 군대와 군인이어야 해. 군인이 아닌 일반 시민을 감시하거나 붙잡아 가두고 조사해서는 절대 안 돼. 금지된 그 일을 하겠다는 건 보안사가 국민 전체를 감시하고 통제하겠다는 뜻이었지.

1980년 3월 중순에 보안사의 정보처가 언론을 통제하기 위한 계획을 마련해. 일명 'K-공작계획'인데, 언론이 신군부를 비판하지 못하도록 입에 재갈을 물리거나 회유하는 비열한 짓을 하겠다고 한 거야. 신문과 방송을 사전에 검열해서 자신들에게 불리한 내용을 빼거나 수정하도록 감독하고, 언론기관의 주요 인사를 만나 협조하게 하거나 협박하는 일을 했지. 'K-공작계획'의 'K'는 영어 King의 줄임말로, 전두환을 왕으로 만들기 위한 언론 공작이었어.

나라를 통째로 삼키겠다는 내란 음모

전두환은 어수선한 시국을 수습할 방안을 마련하여 정국을 장악한다는 집권시나리오를 확정 짓고 착착 실행하기 시작했어. 그 시나리오란 비상계엄의 전국 확대, 국회 봉쇄, 비상 기구(국가보위비상대책위원회) 설치 등이었지.

비상계엄을 확대하려는 이유는 간단했어. 계엄이 해제되면 군인인 전두환이 정권을 차지할 수 없기 때문이야. 결국 나라를 단번에 자기 손에 움켜쥐겠다는 내란 음모였어. 그것은 이미 2월부터 치밀하게 준비되었지.

5월 14일 전두환은 육군본부에 소요 진압본부를 설치했어. 전국에서 소요가 일어날 때 즉각 진압할 부대를 준비시키라고 지시했어. 학생들이 거리로 몰려나와 계엄을 해제하라고 시위하는 등 혼란스러워지는 것이 전두환과 신군부에게 오히려 도움이 되었지. 그럴수록 자신들의 군대를 이용해 싹 잡아들이고 정치권력까지 차지할 수 있으니까.

  5월 16일에는 전국 보안부대의 대공과장이 모두 소집되었어. 대공과장이란 북한의 침략에 대비하거나 간첩 잡는 일을 하는 담당자인데, 그들이 모여 회의했다는 건 일부 국민을 빨갱이(공산주의자)로 몰아서 전부 잡아들이겠다는 뜻이었어. 국민에게 공포심을 주고 말을 듣지 않으면 가만두지 않겠다는 경고나 다름없었지.

  마침내 5월 17일에 전국의 주요 군지휘관들이 모여 비상계엄 확대를 결의했어. 그날 밤 8시 41분 임시 국무회의에서 비상계엄 전국 확대안이 의결되었지. 어떠한 반대 토론도 없이 8분 만에 말이야. 무장한 군인 250여 명이 회의장

비상계엄 확대 후 국회를 봉쇄한 계엄군 1980년 5월 17일 비상계엄 확대 조치는 나라를 단번에 자기 손에 움켜쥐겠다는 전두환의 내란 음모였어. (사진·뉴스화면)

을 둘러싸고 외부와의 통신도 차단된 채 회의가 진행되었어. 국무위원들을 무력으로 위협하여 얻어낸 의결이었지.

계엄은 그때까지 계속되고 있었어. 제주도를 제외한 계엄이었는데, 아주 엄격하게 통제하지는 않았지. 대학생들이 거리에서 대규모 시위를 할 수 있었던 건 계엄이 느슨했기 때문이야. 따라서 제주도를 포함한 전국으로 비상계엄을

서울의 봄을 꿈꾸던 3김씨(왼쪽부터 김영삼, 김대중, 김종필) 비상계엄 확대 후 시위에 앞장선 대학생들과 주요 인사, 3김씨를 비롯한 정치인들은 체포되거나 가택 연금되고 말았어. (사진·뉴스화면)

확대한다는 건 우리나라를 다시 공포와 암흑의 세계로 바꾸어 놓겠다는 뜻이었어.

비상계엄의 전국 확대가 발효되는 시각은 5월 17일에서 18일로 넘어가는 자정(0시)이었어. 그런데 그 전인 17일 저녁부터 전두환의 합동수사본부는 전국 대학과 주요시설에 계엄군을 보냈어. 계엄군은 시위에 앞장선 대학생들과 주요 인사와 정치인들을 체포하기 시작했지.

여당인 공화당 총재 김종필, 재야 정치인 김대중, 전 중앙정보부장 이후락을 붙잡아 들였고, 야당인 신민당 총재 김영삼은 집 밖으로 나오지 못하도록 가두어 버렸어. 이때 체포된 사람이 모두 2,600여 명이나 되었어.

12·12 군사 반란부터 시작된 신군부의 정권 찬탈은 이 5·17 내란으로 최고조에 이르게 돼. 이 내란에 맨몸으로 맞선 저항이 바로 5·18 광주민주화운동이야.

1980년 5월 광주의 비극

전두환 신군부의 악랄함이 1980년 5월 17일 밤으로 끝났다면 어땠을까? 권력욕에 사로잡힌 신군부가 유력한 정치인과 학생들을 불법으로 잡아 가두는 것에 그쳤다면, 광주에서 무자비한 학살이 일어나지 않았을까? 역사에서 가정은 아무 소용이 없다고 해. 이미 일은 벌어졌고, 그것을 되돌릴 수 없으니까. 그래도 '만약'이라고 가정해 보는 까닭은, 광주민주화운동이 우리나라 민주화운동 역사에서 가장 슬프고 참혹한 비극이기 때문이야.

도청으로, 도청으로 모입시다

비상계엄이 전국으로 확대된 후 계엄군은 전국 136개 대학교와 주요시설에 진을 쳤어.

5월 18일 0시에 광주에 도착한 계엄군은 제7공수특전여단이었지. 계엄군은 새벽 1시쯤에 전남대학교에 들어가 그곳에 있던 대학생들을 무지비하게 때리고 붙잡아가기 시작했어. 아침이 되자 학생들이 학교에 왔는데, 장갑차가 교문을 막고 있자 교문을 열어 달라며 구호를 외치고 계엄군을 향해 돌을 던졌어. 가혹한 진압 훈련으로 독이 오른 공수부대원들은 학생들을 몽둥이로 마구 때리면서 살벌하게 진압했어. 진압봉에 맞아 피를 흘리는 학생들이 시민들에게 소리쳤어.

"도청으로, 도청으로 모입시다."

이미 광주에서는 5월 14일과 15일에 전라남도 도청 앞에서 민족 민주화 대성회가 열린 적이 있어서 도청으로 모이

자고 한 거야. 그때 학생과 시민들이 외친 구호는 이랬어.

"비상계엄 해제하라."
"노동3권 보장하라."
"신현확(국무총리)·전두환 물러가라."
"북괴(북한)는 오판 말라."

광주 시민들은 전두환이 실권자라는 걸 알고 있어서 '전두환 물러가라'라고 외칠 수 있었지.

전남대학교 앞에서 벌어진 일이 광주 시민들에게 빠르게 전해지면서 시민들은 흥분했어. 공수부대의 진압이 그저 시위대를 해산하는 게 아니었기 때문이야. 벌건 대낮에 시민들이 보는 데서 초주검이 되도록 두들겨 패고 발로 짓이겼으니까. 피투성이가 되면 두세 명이 한 조가 되어 학교 안으로 질질 끌고 갔어.

도청 앞에 모인 시민들이 "계엄군은 물러가라"라고 소리쳤지만, 그들은 아랑곳하지 않고 시민을 향해 쏜살같이

광주 시민을 무자비하게 진압하는 계엄군 5월 18일 광주에 도착한 계엄군은 시위하는 광주 시민들을 몽둥이를 휘두르며 무자비하게 진압했고, 40여 명의 광주 시민이 목숨을 잃으며 도청 앞 금남로는 피바다가 되었어. (사진·연합뉴스)

달려가서 몽둥이를 휘둘렀어. 도망가는 시민까지 끝까지 쫓아가 몽둥이로 머리를 내리쳤지. 지옥이 따로 없었어. 공수부대원은 국민을 지키는 군인이 아니라 깡패였어. 그날 죽은 시민이 40명이나 되고, 도청 앞 금남로는 피바다가 되었지.

그래도 광주 시민들은 굴복하지 않았어.
다음날인 19일에 공수부대의 야만스러움에 분노한 시민들은 이른 아침부터 금남로로 모여들었어. 시위대에는 대학생과 청년뿐 아니라 중·고등학생도 있었어. 40대에서 60대에 이르는 다양한 시민이 있었고, 여성들도 힘을 보탰어. 시민들은 맨몸이었어. 냉혹한 공수부대원들은 몽둥이와 칼을 휘둘렀고, 시민들은 그들에 맞서 돌멩이와 화염병, 각목과 쇠막대기로 방어했어.

시민들의 항쟁이 예상보다 거세지자, 전두환과 신군부는 또 다른 공수부대인 제11공수특전여단을 투입하기로 했어.

그들은 광주 시민을 진정시킬 생각이 전혀 없었어. 광주 시민을 본보기로 삼아 모든 국민을 자신들 앞에서 벌벌 떨게 할 작정이었지.

5월 21일, 울음바다가 된 피의 수요일

5월 21일 아침, 전남도청 앞 금남로에는 수많은 시민이 모여 있었어. 그야말로 발 디딜 틈 없이 북적거렸지. 협상 대표를 뽑힌 시민들이 전라남도 도지사 장형태를 만나 네 가지 요구 조건을 제시했어. 그러나 도지사는 아무런 답도 하지 않았지.

오전 10시, 군인들을 태운 헬리콥터가 도청 앞 광장에 착륙했어. 헬리콥터는 계속해서 군인들을 실어 날랐고, 군인들은 사람을 죽일 수 있는 실탄을 총에 끼웠어.

오후 1시쯤 시위대 앞에 있던 버스 두 대가 계엄군을 향해 갑자기 달려 나갔어. 군인들을 위협해서 흩어지게 할 생각이었지. 그때 도청 옥상 스피커에서 난데없이 가사 없는 애국가가 울려 퍼졌고, 군인들의 총구에서 불이 뿜어져 나왔어.

탕탕탕! 탕탕탕!

결국 절대 있어서는 안 될 일이 벌어지고 말았어. 적에게 향해야 할 총부리를 국민에게 들이댄 거야.

처음에 시민들은 공포탄을 쏜 거로 여겼지만, 옆에 있는 사람들이 힘없이 쓰러지는 걸 보고서야 진짜 총알인 줄 알고 혼비백산했어. 수많은 시민이 모여 있던 금남로는 아수라장이 되었고, 수많은 시민이 피를 흘린 채 살려 달라고 몸부림쳤어. 10분 동안이나 계속된 집단 발포와 계속된 조준 사격으로 세상은 잠시 멈춘 듯했어. 절규와 비명만이 그 거리에 가득했어.

시민들은 생각했어. 맨주먹으로는 결코 맞설 수 없다는 것을. 가만히 있으면 모두 다 죽을 수 있기에 스스로를 지키기 위해 총을 들어야 한다고 깨달았지. 그래서 경찰서로

계엄군의 발포에 맞서 일어난 광주 시민군 계엄군의 발포로 수많은 시민이 피를 흘리며 쓰러지자, 광주 시민들은 스스로 무장하고 조직력을 갖춘 시민군으로 변하게 되었어. (사진·위키피디아)

들어가 소총 등 무기를 들고 나왔어. 그저 구호만 외치는 시위대에서 조직력을 갖춘 시민군으로 변하게 되었지.

피의 수요일이 지난 뒤 계엄군이 일시 물러나자, 광주는 잠시 평화로운 도시가 돼. 참혹한 죽음과 극심한 상처 앞에서 광주 시민들은 좌절하지 않았어. 행정관료나 경찰 없이도 서로 돕고 돌보며 연대하고, 질서와 규칙을 지키며 차분하게 대응했어. 광주에서 계엄군이 사라진 엿새 동안 광주에서는 한 건의 강도질도 일어나지 않았다고 해. 엄청난 충격과 공포 앞에서도 광주 시민들은 위대한 시민의식을 보여주었지. 하지만 계엄군은 완전히 철수한 게 아니었어.

우리 모두 일어나 끝까지 싸웁시다

광주 밖으로 작전상 후퇴한 계엄군은 광주로 들어가는 모든 길목을 막았어. 그 누구도 광주로 들어가거나 광주에서 나갈 수 없었고, 그로 인해 신문과 방송에서 광주의 항쟁은 '폭동'으로, 광주 시민은 '폭도'로 왜곡되고 말았지.

날이 갈수록 시민들은 초조함을 느끼기 시작했어.
'언제쯤 저들이 다시 쳐들어올까?'
'우리가 저들을 막아낼 수 있을까?'
쌀과 식료품이 점점 떨어져 가고 하루에도 수없이 삶과

죽음을 오가면서도 시민들은 민주화에 대한 희망의 끈을 놓지 않았어.

5월 27일 새벽 1시, 완전무장한 계엄군이 광주로 들어오기 시작했어. 계엄군의 수는 25,000명. 이 엄청난 병력이 한꺼번에 광주에 투입된 거야.

계엄군이 쳐들어온다는 걸 알아챈 항쟁지도부는 시민군을 두세 명씩 나눠서 도청 건물 곳곳에 배치했어. 그리고 광주 시민들에게 마지막 항전을 알렸지.

"시민 여러분, 지금 계엄군이 쳐들어오고 있습니다. 우리를 도와주십시오."

"우리 형제자매들이 계엄군의 총칼에 죽어 가고 있습니다. 우리 모두 일어나 끝까지 싸웁시다."

시민군이 가진 총은 한 발 한 발 장전해서 쏘는 총이지만, 계엄군의 총은 한 번에 여러 발이 나가는 자동소총이었어. 게다가 최정예 특수부대이기에 절대 이길 수 없었지.

계엄군의 진격 5월 27일 새벽, 완전무장한 계엄군이 광주로 들어오자 광주 시민들은 전남도청에서 모여 끝까지 항전했어. (사진·뉴스화면)

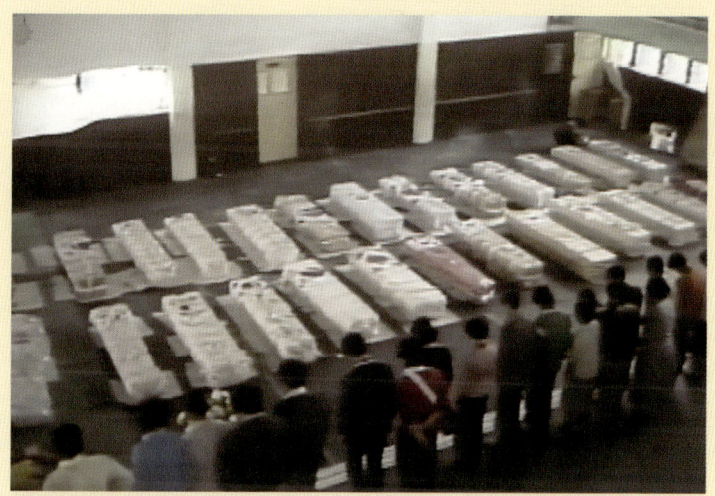

광주의 희생자들 광주민주화운동으로 사망자 163명, 행방불명자 166명, 부상 뒤 사망한 자 101명, 부상자 3,139명, 구속 및 구금 등의 기타 피해자 1,589명, 묘비명도 없이 묻힌 희생자 5명 등 총 5,189명이 희생되었어. (사진·뉴스화면)

계엄군은 전남도청에서 1만여 발을 사격하고, 끝까지 항전한 시민까지 살상하는 잔인함을 보였어.

그런데 놀랍게도 당시 최규하 정부는 광주 시민을 무참히 학살한 군인들에게 훈장과 포장을 수여했어. 그들을 '유공자'로 부르며 79명에게 훈장을 주고 표창까지 했지. 전두환은 1980년 8월 22일 육군 대장으로 전역하면서 태극무공훈장과 무궁화대훈장까지 받았어. 완전히 미치지 않고서야 사람의 탈을 쓰고 어떻게 그럴 수 있었을까?

사망자 163명, 행방불명자 166명, 부상 뒤 사망한 자 101명, 부상자 3,139명, 구속 및 구금 등의 기타 피해자 1,589명, 묘비명도 없이 묻힌 희생자 5명 등 총 5,189명.

이 잔혹한 대학살의 주역은 전두환과 신군부였어. 그들은 광주 시민의 피로 권력을 찬탈했어. 결코 씻지 못할 죄를 그들은 태연하게 저지르고 말았어.

그러나 광주 시민이 흘린 피는 훗날 '민주화'라는 열매를 맺게 했지. 그래서 우리는 두고두고 광주 시민의 숭고한 민주주의 정신을 기려야 해. 지금 민주주의를 누리는 우리가 그때의 희생자들에게 우리의 자유와 생명을 빚진 셈이니까.

제4부
제5공화국 독재와 되찾은 민주주의

비상계엄을 확대하면서 광주 시민의 민주화 요구를 총칼로 짓밟은 전두환. 그 앞에는 어떠한 걸림돌도 없었어.

계엄사 합동수사본부(보안사)는 1980년 7월 4일 김대중 내란 음모 사건을 발표했어. 하루 18시간이나 김대중을 조사하며 온갖 협박과 모욕을 일삼고, 김대중과 함께 끌려간 다른 민주 인사들에게 모진 고문을 가해 거짓 자백을 받아 낸 결과였어. 재야 민주화 세력의 핵심이자 호남(전라도)의 상징인 김대중을 내란죄로 엮어서 그들의 진짜 내란을 정당화하려고 한 거야. 게다가 김대중이 광주 시민을 뒤에서 조종해서 폭동을 일으켰다는, 말도 안 되는 혐의까지 뒤집어씌웠지. 그들은 목표는 '김대중 사형'이었어.

이렇게 국민의 피와 죽음으로 민주주의의 빛은 사라져 가고 있었어. 박정희의 유신 독재보다 더 가혹한 독재가 다시 고개를 쳐들고 있었지. 그러나 끝까지 전남도청을 지켜 내고자 한 광주 시민의 민주주의 정신이 완전히 말살된 건 아니었어. 밤이 깊을수록 새벽이 밝아온다는 말처럼, 짙은 어둠 속에서도 민주화를 위한 발걸음은 멈춰지지 않았어.

독재 정권의 탄생과 민주주의 탄압

1980년 5월 31일 '국가보위비상대책위원회'가 발족했어. 이 위원회를 만든 목적은 '계엄 업무를 지휘 감독함에 있어서 대통령을 보좌하고 국가를 보위하기 위한 국책사항을 심의한다'였어. 위원회의 우두머리는 전두환. 이 이상한 위원회는 대통령과 내각 위에 올라앉았어.

전두환의 신군부는 비상계엄 확대로 국민의 대의기관인 국회조차 무력화했기에 거칠 것이 없었지. 본격적인 독재의 시작이었어. 당시 전두환이 앉은 자리는 보안사령관, 합동수사본부장, 중앙정보부장 서리, 국가보위비상대책위원회 상임위원장. 남은 건 대통령 하나뿐이었어.

'국가보위비상대책위원회'라는 이상한 기구

1980년 7월 9일 장관급을 포함하여 2급 이상 고위 공무원 232명이 하루아침에 잘려 나갔어. 7월 15일에는 3급 이하 4,750명이 파면되었지.

7월 31일에는 신문과 주간지 172개가 없어졌어.

8월 4일에는 사회의 악을 모두 없애버리겠다면서 폭력, 사기, 마약사범, 불량배를 잡아들이기 시작했고, 그들은 죽음의 '삼청교육대'로 보내졌어. 죄 없는 사람, 심지어 고등학생까지 삼청교육대로 잡혀가서 가혹한 군사훈련을 받다가 다치거나 죽기까지 했어. 끌려간 사람은 40,347명인데, 교육 중에 죽거나 후유증으로 세상을 떠난 사람이 336명, 장애를 입은 사람이 2,700여 명이나 되었어. 장애는 입

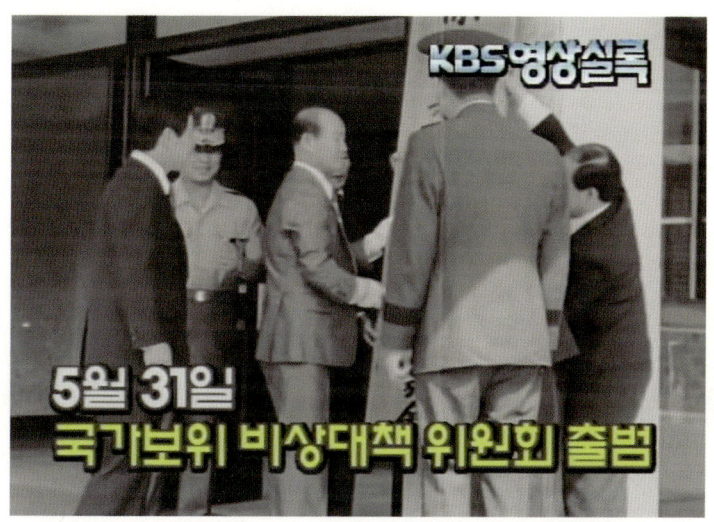

국가보위비상대책위원회 출범 1980년 5월 31일 출범한 국가보위비상대책위원회는 대통령과 내각 위에 올라앉아 있는 이상한 기구였어. (사진·뉴스화면)

지 않았으나 다친 사람은 10,000명이 넘었지. 국민에게 극도의 공포심을 느끼게 하려고 한 거야. 그 누구도 저항하지 못하게 하려는 것이었지.

8월 27일 마침내 전두환은 허수아비 대통령 최규하를 사임시키고 자신이 대통령 자리에 올랐어. 또다시 유신헌법에 따라 통일주체국민회의가 단독 후보인 전두환을 대

1980년 9월 1일 전두환 대통령 취임 허수아비 대통령 최규하를 사임시킨 전두환은 마침내 통일주체국민회의 99.37% 찬성으로 대통령 자리에 올랐어. (사진·뉴스화면)

통령으로 선출했어. 선거인 2,540명 중 전두환에게 투표한 자는 2,525명, 무효표를 낸 자는 1명으로 득표율은 99.37%였지. 비밀투표는 말뿐이고, 만장일치에 가까웠어. 북한에서 하는 선거와 다를 바 없었지.

대통령이 된 전두환은 국가보위비상대책위원회를 '국가

보위입법회의'로 바꿔서 국회를 해산해 버리고 자기 마음대로 헌법을 만들어 버렸어. 유신헌법을 민주헌법으로 바꾸라는 국민의 열망을 내팽개친 채 또다시 간선제로 대통령을 뽑겠다고 해 버렸지. 대통령 선거인단이 대통령을 뽑는 7년 단임제(대통령을 한 번만 하는 것). 하나회를 비롯한 신군부가 계속 정권을 쥐겠다는 시도였어.

전두환 독재 정권의 채찍과 당근

1981년 2월 25일, 제5공화국 헌법에 따라 전두환은 다시 대통령으로 선출되었어. 대통령 선거인단이 장충체육관에 모여 전두환에게 몰표(득표율 90.11%)를 주었지. 국민의 의사가 전혀 반영되지 않은 이른바 '체육관 선거'였어. 한마디로 '눈 가리고 아웅'하는 격이었지.

전두환 정권은 채찍과 당근으로 독재를 이어 갔어. 민주정의당이란 집권당에 맞설 야당은 허용하지 않았고, 신문과 방송 등 언론을 하나로 합치거나 없애서 국민의 눈과 귀를 가렸어. "하늘엔 조각구름 떠 있고 강물엔 유람선이 떠 있고/ 저마다 누려야 할 행복이 언제나 자유로운 곳"이라며 '아! 대한민국' 같은 유행가까지 이용해 국민을 속였지. 신문과 방송의 기사를 검열하고, 정권을 비판하는 내용이 조금이라도 있는 책은 펴내지 못하게 했어.

광주 시민의 위대한 항쟁이 알려지지 않도록 철저히 단속했으며, 대학교에 정보요원들을 몰래 들여보내서 학생들의 움직임을 감시했어.

민주화운동을 뿌리뽑기 위해서 남자 대학생들을 강제로 휴학시킨 뒤 군대로 보냈어. 빨간 물이 든(정권에 반대하는) 학생들을 파란 물이 든(정권에 순종하는) 학생으로 바꾸겠다는 '녹화사업'이었지.

'정의 구현 사회'라는 허울 좋은 구호 아래 경찰은 마구잡이로 학생들을 잡아가 고문하고 감옥에 가두었어. 그래서 원인 모를 죽음도 빈번했어. 정의를 앞세운 불의한 자들

1982년 프로야구 출범 정권을 잡은 전두환은 야간 통행금지를 끝내고, 프로야구와 프로축구 등의 프로 리그를 만들어 국민의 시선을 정치에서 다른 데로 돌렸어. (사진·국가기록원)

의 악랄한 횡포였지.

한편으로 야간 통행금지를 끝내고, 프로야구와 프로축구 등의 프로 리그를 만들어 국민의 시선을 돌렸어. 서울 아시안게임과 서울올림픽 대회를 유치해서 정부가 잘하고 있다고 선전했지.

머리 모양과 교복을 자율화하고, 과외 교육을 금지하며, 대학의 본고사를 없애는 조치도 내놓았어. 겉으로는 부자와 가난한 이들 사이의 차이를 줄여서 중산층을 길러 내겠다고 했지만, 돈 많은 사람은 어떻게든 과외를 해서 명문 대학에 들어갔지.

공교롭게도 전두환의 제5공화국 독재 시기에 경제가 발전했어. 두 차례 석유 파동이 지난 뒤에 수출이 탄력을 받아 경제 성장 속도가 빨라졌어. 집마다 컬러TV를 들여놓기 시작했고, 후진국과 선진국 사이인 '중진국'으로 발돋움했다며 홍보했지.

그러면서도 독재 정권은 재벌 등 대기업에서 불법 정치 자금을 뜯어냈어. 그 돈을 자기들 재산 불리는 데와 정권을 유지하는 데 썼지.
북한이 금강산댐을 폭파해서 63빌딩까지 잠기는 물난리를 일으킬 거라면서 국민에게 수천억의 성금도 뜯어냈어.

국민의 성금으로 만들어진 평화의 댐 전두환은 북한이 금강산댐을 폭파해서 63빌딩까지 잠기는 물난리를 일으킬 거라면서 국민에게 수천억의 성금도 뜯어냈어. (사진·위키피디아)

북한과의 긴장도 높아져서 대한항공 여객기 격추 사건, 아웅 산 묘지 테러 사건 등도 일어났지.

전두환의 독재는 식을 줄 몰랐고 오히려 더 단단해졌어.

줄기찬 민주화 투쟁과 6·29선언

모든 권력이 국민에게 있는 민주주의 국가에서 독재 정권을 무너뜨릴 방법은 무엇일까? 하나는 '선거'라는 합법적 제도로 몰아내는 방법이고, 다른 하나는 온 국민이 들고일어나는 '혁명' 같은 방법이야.

독재자 스스로 물러나는 방법도 있지만, 이런 일은 잘 일어나지 않아. 물론 초대 대통령 이승만이 하야하긴 했지만, 그렇게 되기까지 많은 국민이 피를 흘렸어. 부정선거를 규탄하는 국민에게 경찰이 총을 마구 쏘았잖아. 그런 만행을 저지르고도 물러나지 않는다면, 그건 지도자이기 전에 사람이 아닌 거지.

정의감에 불탄 학생들의 몸부림

피를 흘리지 않고 독재 정권을 물러가게 하는 방법은 선거야. 하지만 전두환 독재 정권에서 선거는 그저 요식행위였어. 정권을 비판해야 할 세력은 모두 감옥에 갇히고 형벌을 받았어. 야당인 신민당 당수 김영삼은 집 안에 갇혔고, 민주화 세력의 핵심 김대중은 결국 사형을 선고받았어. 훗날 미국의 입김에 의해 풀려나서 미국으로 망명했으나 전두환의 눈에는 여전히 눈엣가시였지. 야당은 있었지만, 여당과 다를 바 없었어. 이렇듯 제도권 안에서는 민주화 투쟁을 벌일 수 없었지.

결국 젊은이들이 나설 수밖에 없었어. 정의감에 불탄 깨어 있는 학생들이 삼삼오오 모여 독재 정권의 악랄함을 비판하며 조금씩 행동을 보이기 시작했어.

1980년의 광주 미국문화원 방화 사건과 1982년의 부산 미국문화원 방화 사건은 모두 5·18광주민주화운동과 관련 있어. 학생들은 신군부가 저지른 광주 시민 학살이 미국의 묵인 때문에 일어난 것으로 생각했어. 그래서 미국에 항의하고자 미국문화원에 불을 지른 거지. 민주주의 대부라고 일컫는 미국이 전두환 독재 정권을 도와주는 모습에서 모순을 느꼈던 거야.

하지만 총칼을 앞세운 독재 정권 앞에서 학생들의 몸부림은 한낱 종잇조각 같았어. 학생들은 시민들에게 독재 정권의 참상을 알리기 위해 교문 밖으로도 나갈 수 없었어. 최루탄과 몽둥이로 무장한 전투 경찰들이 학교 밖을 에워싸고 있었거든.

함께 손잡은 민주화 세력

작은 바늘 하나 들어갈 틈도 없던 전두환 독재 정권에 금이 가기 시작한 해는 1985년이야. 그해 2월, 아직 봄이 오지 않은 때에 제12대 국회의원 선거가 치러졌어. 선거에 나온 정당은 집권당인 민주정의당(민정당), 선거 직전에 창당한 신한민주당(신민당), 기존 야당인 민주한국당(민한당)과 한국국민당이었어. 가장 많은 의석을 차지한 정당은 민정당(276석 중 148석)이었는데, 놀라운 점은 신민당이 제1야당이 된 것이었지. 신민당은 모두의 예상을 깨고 67석을 얻었어.

이때의 선거제도는 중선거구제로 다수당인 민정당에 유리했어. 한 지역구에서 한 명이 아니라 두 명의 국회의원을 뽑는 선거니까. 더욱이 민정당은 여러 권력기관을 동원하고 돈과 물품을 뿌리는 등 부정선거를 일삼았으니 지려야 질 수 없었지.

그런 불리한 여건에서 정통 야당이라고 할 신민당이 다수 의석을 차지했다는 건 국민의 민주화 요구가 반영되었다는 뜻이었어. 제대로 된 야당이 독재 정권과 맞서 싸우길 바란 거였지.

제12대 국회의원 선거가 있기 2년 전인 1983년 5월 18일, 야당 지도자 김영삼은 광주민주화운동 3주년을 기리며 밥을 먹지 않는 단식에 들어갔어.

민주화를 위한 다섯 가지 사항을 요구하며 단식 투쟁을 벌였어.

1. 언론통제의 전면 해제
2. 정치범 석방
3. 해직 인사들의 복직
4. 정치활동 규제의 해제
5. 대통령 직선제를 통한 개헌

23일간의 단식 투쟁을 마칠 때 김영삼은 국민에게 호소했어.

"국민 여러분, 나는 부끄럽게 살기 위해 단식을 중단하는 것이 아닙니다. 앉아서 죽기보다 서서 싸우다 죽기 위해 단식을 중단하는 것입니다. 나의 투쟁은 끝난 것이 아니라 이제 겨우 시작을 알렸을 뿐입니다."

이 투쟁을 계기로 전두환 독재 정권의 실상이 미국과 유럽의 민주주의 선진국에 알려졌어. 김영삼은 가택 연금에서 벗어나 집 밖으로 나갈 수 있었지. 서먹서먹했던 김대중과도 다시 가까워졌어. 전두환은 언젠가 김영삼에게 복수하겠다며 이를 갈았어. 이런 김영삼의 목숨을 건 투쟁은 야당인 신민당이 부활하고 민주화 세력이 힘을 모으는 데 큰 영향을 미쳤어.

호헌 철폐! 독재 타도! 6월의 뜨거운 함성

제1야당 신민당의 목표는 민주화 추진이었어. 선거 때 국민에게 공약한 대로, 대통령을 국민이 직접 뽑는 직선제 개헌 운동을 시작했지. 그래서 1986년부터 '천만 명 개헌 서명운동'을 벌여 학생 운동권과 사회운동 세력도 함께 힘을 모으게 되었어.

직선제 개헌 운동이 전국 각지의 국민에게서 큰 지지를 얻어내자, 전두환 정권은 긴장했어. 개헌 논의를 1988년 서울올림픽이 끝난 후에나 할 수 있다고 둘러댔지. 그건 정권을 빼앗기기 싫어서였고, 그동안 저지른 죄악에 대한 두려움 때문이었어.

그러나 한번 터진 민주화 요구는 막을 수 없었어. 노동자들은 노동조합 합법화를 위해 싸웠고, 도시 달동네에 사는 가난한 이들은 자기 집이 강제로 철거되는 것에 반대했어. 언론인들은 언론 자유를 위해 투쟁하고, 일반 시민은 전두

전두환의 호헌 선언 1987년 4월 3일, 전두환은 갑자기 TV 화면에 등장하더니 "개헌을 절대 받아들일 수 없다"라고 못 박았으며 호헌 선언을 발표했어. (사진·뉴스화면)

환의 독재 정권을 미화하는 방송사(KBS)에 시청료를 내지 않는 운동을 벌였어. 숨죽이고 있던 국민이 하나둘 목소리를 내기 시작한 거야.

그러던 1987년 4월 3일, 전두환은 갑자기 TV 화면에 등장하더니 "개헌을 절대 받아들일 수 없다"라고 못 박았어. 제5공화국 헌법으로 다음 대통령을 뽑고 평화적으로 정권을 넘겨주겠다며 으름장을 놓았지. 결국 독재를 계속하겠다는 뜻으로 국민에 대한 선전포고였어. 국민 가슴에 불을 지른 셈이었지. 대학생들의 시위는 날마다 커졌고, 이 시위에 시민들은 잘한다며 박수를 보냈어.

1987년 5월 18일, 광주민주화운동이 일어난 지 꼭 7년이 되는 날, 명동성당에서 추모 미사가 열렸어. 당시 미사를 집전한 천주교정의구현전국사제단은 서울대학교 학생 박종철이 경찰의 고문을 당해 숨졌는데, 그 사건이 은폐되고 조작되었다는 충격적 사실을 발표했어.

박종철이 숨진 날은 그해 1월 14일이었는데, 당시 치안본부장(현재 경찰청장)은 "책상을 탁! 치니까 억! 하며 죽었다"라고 거짓말로 얼버무렸어. 박종철이 숨진 원인은 물고문이었어. 독재 정권이 조직적으로 감추려 한 이 사건은 국민의 엄청난 반발을 일으키고 말았어.

온 나라가 발칵 뒤집혔어. 전두환은 국무총리와 관계기

박종철 국민추도회 1987년 5월 18일, 천주교정의구현전국사제단은 서울대학교 학생 박종철이 경찰의 고문을 당해 숨졌는데, 그 사건이 은폐되고 조작되었다는 충격적 사실을 발표했어. (사진·전국사제단)

관의 수장들을 경질하는 등 수습하는 시늉을 했지만, 한 번 터진 민주화의 물줄기를 막을 수 없었어. 학생과 시민들은 날마다 거리로 나가 외쳤어.

"호헌 철폐!"(현행 헌법을 지키려고 하지 말라)

"독재 타도!"

6·29선언을 보도한 신문 기사 1987년 6월 29일, 민정당 대표 노태우는 국민이 간절히 요구하는 대통령 직선제로 헌법을 바꾸겠다고 밝혔어.

"박종철을 살려내라."

"전두환은 물러가라."

경찰은 모여드는 시위대를 해산하려고 연신 최루탄을 쏘아댔어. 몽둥이로 때리고 끝까지 쫓아가 잡아갔어. 그러던 중 1987년 6월 9일 연세대학교 학생 이한열이 시위 도중 경찰이 쏜 최루탄을 얼굴에 맞아 그 자리에서 쓰러졌어. 27년 전 1960년 3월 15일 마산에서 부정선거를 규탄하던 고등학생 김주열이 최루탄에 맞아 죽었던 때처럼.

박종철과 이한열 두 학생의 허망한 죽음은 독재 정권에 대한 시민의 분노로 활활 타올랐어. 그 누구도 거스를 수 없고 막을 수 없는 시민 항쟁이 전국 곳곳에서 들불처럼 일어났어. 이 거대한 투쟁을 '6·10민주항쟁'이라고 불러.

이때 전두환은 또다시 계엄령을 발동하려고 했어. 끔찍한 제2의 광주 학살을 벌이려고 계획한 거지. 온 국민의 격렬한 저항에 부딪히자, 군사 반란의 또 다른 주역인 노태우는 대통령 직선제를 받아들이겠다고 결정했어. 6월 29일 민정당 대표 노태우는 국민이 간절히 요구하는 대통령 직선제로 헌법을 바꾸겠다고 밝혔어. '6·29선언'이라고 불리는 이 역사적 선언은 독재 정권에 맞선 위대한 국민의 승리였어.

전두환과 신군부에 대한 역사의 심판

새로운 헌법이 마련되어 마침내 국민이 직접 대통령을 뽑게 되었어.

제13대 대통령 선거에 나온 주요 후보는 민주정의당 노태우, 통일민주당 김영삼, 평화민주당 김대중, 신민주공화당 김종필. 노태우는 전두환과 함께 군사 반란을 일으킨 군부 세력의 2인자, 김영삼과 김대중은 독재 정권과 싸워 온 야당의 지도자, 김종필은 박정희의 조카사위로 5·16 군사 반란을 기획한 자인데, 대통령 박정희 아래에서 국무총리를 하고 집권당 총재를 지낸 정권의 2인자였지.

끝나지 않은 군사정권

선거 결과는 노태우 당선이었어.

야당의 두 지도자, 김영삼과 김대중은 결국 합치지 못하고 갈라섰어. 박정희부터 시작된 군사정권이 끝나길 바라는 국민의 열망을 둘은 끝내 외면했어. 자신만이 대통령이 될 수 있다고 오만하게 생각한 결과였어.

전두환과 노태우는 후보가 많은 것을 다행으로 여겼어. 김영삼이 수도권과 경남, 김대중이 수도권과 호남, 김종필은 충청 지역의 표를 가져간다면, 영남과 보수층을 가진 노태우가 간발의 차이로 승리하리라 예상한 거야. 게다가 영남과 호남 간의 지역감정을 자극하면 어부지리를 얻을 수 있다고 본 거지.

6월의 뜨거운 함성과 박종철, 이한열의 희생은 결국 결실을 보지 못했어. 민간 정부를 세우지 못한 절반의 민주화였던 셈이지.

그러나 1988년 4월 소선거구제(한 선거구에서 한 명 선출)로 바뀌어 치러진 제13대 국회의원 선거에서 다시 이변이 일어났어. 집권당인 민정당이 과반(150석)에 한참 모자란 125석을 얻는 데 그친 거야. 이른바 '여소야대', 여당보다 야당 의석이 더 많아져서 여당이 마음대로 할 수 없게 되었다는 뜻이지. 정부에 대한 국회의 견제와 감시가 더 강해졌다고 할 수 있어.

국회가 열리자 야당들은 곧장 전두환 독재 정권에서 벌어진 온갖 비리와 폭정을 밝히는 청문회를 열었어. '5공 청문회'로 불리는 이 청문회에서 정치권력, 경제, 인사 등 각 분야에서 벌어진 비리를 파헤치고, 5·18 광주민주화운동의 진상을 조사했어. 국민의 날카로운 시선이 전두환에게 몰리자, 전두환은 강원도에 있는 백담사로 숨어 버렸어. 자기 잘못을 외면한 채 도망쳐 버린 거야.

백담사의 전두환과 이순자 국회의 5공 청문회에서 수많은 비리가 파헤쳐지자 전두환은 국민의 날카로운 시선을 피해 강원도에 있는 백담사로 숨어 버렸어. (사진·연합뉴스)

 1989년의 마지막 날인 12월 31일, 전두환이 드디어 국회에 모습을 드러냈어. 그러나 국민에게 한마디 사과도 하지 않고, 국회의원의 질문도 듣지 않았지. 자기에게 아무런 잘못이 없다면서 변명만 잔뜩 늘어놓았어. 그 장면을 보는 대다수 국민은 분노했지만, 전두환의 친구 노태우가 대통령으로 있는 한 전두환에 대한 심판은 이루어질 수 없었지.

김영삼 대통령의 하나회 척결

1990년 1월 22일, 대통령 노태우, 통일민주당 김영삼 총재, 신민주공화당 김종필 총재가 나란히 섰어. 국회에서 전두환이 뻔뻔한 모습을 보인 지 한 달도 되지 않은 때였지. 세 사람은 자신이 대표로 있는 세 당을 하나로 합친다고 발표했어. 국민은 깜짝 놀랐어. 무엇보다 군사정권에 맞서 싸웠던 김영삼이 노태우와 함께한다는 점이 큰 충격이었지.

김영삼은 이렇게 변명했어.
"호랑이를 잡으려면 호랑이굴에 들어가야 한다."
노태우는 여소야대 상황을 어떻게든 벗어나고 싶었고, 김영삼은 어떻게든 대통령이 되고 싶었고, 김종필도 어떻게든 정치적 영향력을 발휘하고 싶었지. 특히 세 사람은 대통령 중심제를 의원내각제로 바꾸자고 비밀 약속을 맺었어. 이를테면 대통령 김영삼, 국무총리 김종필, 그리고 전

하나회를 척결한 김영삼 대통령 3당 합당으로 1992년 제14대 대통령이 된 김영삼은 임기가 시작하자마자 과감하게 군내 사조직 하나회를 척결했어. (사진·위키피디아)

직 대통령으로서 군사 반란과 내란에 대해 심판받지 않는 노태우.

 이 셋의 이해가 절묘하게 맞아떨어져서 거대 여당 '민주자유당'이 만들어졌지. 김대중의 평화민주당은 소수정당이 되고, 그 정당을 지지하는 호남은 완전히 따돌림당하고 말았어.

 이런 정치 야합의 결과로 1992년 제14대 대통령 선거에서 민주자유당 후보 김영삼이 당선되었지. 김영삼은 자신의 정부를 '문민정부'라고 이름 지었어.

그래서 대통령 임기가 시작되자 즉시 한 일은 '하나회 척결'이었어. 전두환 정권부터 노태우 정권까지 군의 요직을 차지한 하나회 회원을 한꺼번에 내쳤지. 다시는 대한민국에서 하나회 같은 군내 비밀 사조직이 생겨나 반란을 도모할 수 없게 한 당연하고 과감한 조치였어.

전두환에게 내려진 사형선고

그 후 김영삼 정부는 '역사 바로 세우기'를 내세워 전두환과 노태우를 심판하기 위해 '5·18민주화운동 등에 관한 특별법'을 만들었어. 이 특별법을 만든 이유는, 전두환과 노태우의 군사 반란과 내란을 심판하려는 김영삼 정부에게 검찰이 반기를 들었기 때문이야. 검찰은 "성공한 쿠데타는 처벌할 수 없다"라는 해괴한 논리로 전두환과 노태우를 재판에 부칠 수 없다고 판단했거든.

군사 반란과 내란죄로 재판을 받는 전두환(오른쪽)과 노태우(왼쪽) 1997년 전두환 무기징역, 노태우 징역 17년형의 최종 판결을 받았지만, 전두환과 노태우는 곧 사면되어 풀려났어. (사진·연합뉴스)

이 특별법 제정 소식에 전두환은 발끈했어. 정치보복은 있을 수 없다면서 말이야. 하지만 김영삼은 칼을 빼 들었어. 먼저 여러 기업에서 불법 정치자금을 받은 노태우를 구속했어. 이어서 전두환을 체포하여 구속했지. 전직 대통령 둘을 구속하는 초유의 일은, 반드시 둘에게 역사의 심판이 내려져야 한다는 국민의 열망에 따라 이뤄졌지.

전두환은 재판정에 나가서도 광주 시민을 무자비하게 진압하고 그것도 모자라 발포까지 한 사실이 정당하다고 우겼어. 북한의 공산주의 세력과 힘을 합쳐 벌인 폭동이라고까지 거짓말을 했지. 정승화 계엄사령관을 강제로 연행한 것, 비상계엄을 전국으로 확대한 것, 국회를 폐쇄하고 정치인과 학생들을 잡아 가둔 것, 국가보위비상대책위원회를 만든 것 등 모든 것을 부인했지.

1996년 8월 26일 1심 법원은 전두환에게 사형을 선고했어. 그해 12월 16일 2심 법원은 사형에서 감형된 무기징역

(기한 없는 감옥살이)과 추징금 2,205억 원을 선고했어. 적잖게 실망스러운 판결이었지.

마침내 1997년 4월 17일 대법원은 2심 판결을 확정했어. 이는 헌법 질서를 짓밟은 군사 반란과 시민 학살에 대한 역사적 판결이었고, 성공한 쿠데타도 처벌해야 한다는 민주주의 원리를 보여준 심판이었어. 무엇보다 대한민국 국민 그 누구도 민주주의를 파괴하는 내란과 군사 반란을 계획하고 실행해서는 안 된다는 준엄한 경종이었지.

전두환과 반란자들에 대한 대법원의 판결 내용은 다음과 같아.

12·12 군사 반란을 통하여 군의 지휘권을 실질적으로 장악함과 아울러 국가의 정보기관을 완전히 장악한 뒤, 1980년 5월 초순경부터 이른바 '시국 수습 방안', '국기 문란자 수사계획', '권력형 부정 축재자 수사계획'을 마련하여 이를 검토, 추진하기로 모의하고, 그 계획에 따라 1981. 1. 24. 비상계엄의 해제에 이르

기까지, 이른바 예비검속, 비상계엄의 전국 확대, 국회의사당 점거·폐쇄, 광주시위 진압, 국가보위비상대책위원회의 설치·운영, 정치활동 규제 등 일련의 행위를 강압에 의하여 행한 사실을 인정한 다음, 피고인들이 행한 위와 같은 일련의 행위는 결국 강압에 의하여 헌법기관인 대통령, 국무회의, 국회의원 등의 권한을 침해하거나 배제함으로써 그 권능 행사를 사실상 불가능하게 한 것이므로 국헌문란에 해당된다.

(대법원 1997.4.17. 선고 96도3376 전원합의체 판결)

끝내 반성하지 않은 전두환

죽을 때까지 감옥에 있어야 하는 범죄자 전두환. 그렇지만 그는 감옥에 갇힌 지 2년이 조금 지나 풀려났어. 1997년 12월 22일의 일이야. 겨우 2년밖에 감옥살이를 하지 않았는데 왜 풀어준 걸까?

전두환과 노태우를 사면하자는 이야기는 대법원의 최종 판결이 있기 전부터 나왔어. 집권당인 신한국당 이회창 대표가 국민 대화합이 필요하다며 그렇게 주장했지. 그건 일

종의 선거 전략이었어. 1997년 12월 대통령 선거에서 경상도 표를 쓸어 담으려는 치졸한 전략이었지.

'국민 대화합'이란 명분으로 풀려난 전두환

그러자 야당의 김대중 후보도 같은 생각을 밝혔어. "김영삼 대통령 임기 중에 전두환, 노태우를 사면하여 동서 화합의 길이 열리도록 하겠다"라고 말이야. 그러면서 전두환과 노태우가 반성하지 않는다고 해서 우리도 똑같이 대응할 수는 없다고도 했어. 전두환한테 사형선고까지 받았던 김대중인데 말이야.

마침내 제15대 대통령으로 당선된 김대중은 대통령 김영삼에게 전두환, 노태우 사면을 제안했고, 김영삼은 받아들였어. 당시는 외환 위기로 나라 경제가 위태로운 때였기에 국민이 하나로 뭉쳐 위기를 극복해야 한다고 설명했지.

하지만 두 중대 범죄자의 형벌을 면제해 준다고 해서 경제가 살아날까? 수많은 의문점을 남긴 채 두 범죄자는 감옥 밖으로 나오고 말았어.

악인은 언제든 다시 나타날 수 있다

2021년 11월 23일 오전, 전두환은 서울 연희동 자기 집에서 쓰러져서 숨을 거뒀어. 향년 90세. 잔인한 학살자 전두환은 아흔 살까지 천수를 누리다 세상을 떠난 거야.

그로부터 24년 전(1997년), 그가 감옥에서 풀려나왔을 때 함께 반란을 저지른 그의 부하들이 마중 나왔어. 그 장면은 조폭 두목이 감옥에서 나와 부하들에게 환영받는 모습과 겹쳤지. 그는 환하게 웃었어. 반성하는 눈빛은 하나도 없었지.

집에 돌아온 그는 2천억 원이 넘는 추징금을 내려고 하지 않았어. 자기 통장에 29만 원밖에 없다면 버텼어. 신문과 방송과 여론이 들끓어도 꿈쩍도 하지 않는 뻔뻔함을 보였지. 감옥에서 나온 지 2년이 되지 않아 백범기념관 건립 위원회 고문으로 추대되었어. 위대한 독립운동가 백범 김구 선생과 국민을 총칼로 짓밟은 전두환이 어떻게 연결될 수 있을까? 그해 전국체육대회 때는 관계자들을 격려하고, 하키 우승팀에게 저녁 식사까지 대접했어. 전직 대통령으로서 말이야. 북한의 특사로 다녀올 의향이 있다고 밝히기도 하고, 김대중 대통령 내외의 초청을 받아 청와대에서 점심도 얻어먹었어. 그야말로 남은 생애 잘 먹고 잘살았지.

2003년에 전두환은 광주민주화운동을 '폭동'이라고 말해 다시 국민의 화를 돋우었어. 그는 절대 반성하는 모습을 보이지 않았어.

급기야 2018년에는 광주민주화운동과 관련하여 죽은 사람의 명예를 훼손한 혐의로 재판을 넘겨졌지. 그는 내내 재판에 참석하지 않다가 어느 날 재판정에 나갔는데, 질문하는 기자를 노려보며 불쾌함을 드러냈어. 법원 근처에 있는 초등학교의 학생들은 그 장면을 지켜보고 전두환에게 야

피고인 신분으로 광주 법정에 선 전두환 2019년 5·18민주화운동 39년 만에 피고인 신분으로 법정에 섰지만, 전두환은 단 한마디의 사과도 없었어. (사진·5·18기념재단)

유를 보냈지. 아쉽게도 전두환에 대한 마지막 판결은 내려지지 않았어. 재판이 끝나기 전에 그가 죽었으니까.

끝내 악인으로 죽음을 맞이한 전두환!
그에게서 어떤 교훈을 얻어야 할까? 민주주의 공동체에서 전두환 같은 독재자와 권력만 좇는 패거리가 다시는 나오지 않게 하는 것, 그것이 우리가 해야 할 일일 거야.

하나 더! 만약 제2의 전두환이 내란이나 반란을 일으킨다면, 그때는 민주주의의 힘으로 반드시 제압하고 심판해야 한다는 거야.

전두환과 신군부에 대한 심판을 끝으로, 다시는 이 땅에서 헌법 질서를 짓밟는 군사 반란과 내란이 일어나지 않을 거로 생각했어. 하지만 그건 착각이었어. 21세기, 이 번영하고 민주화한 시대에 내란 사태가 터지고 말았으니까.

제20대 대통령 윤석열은 2024년 12월 3일 밤, 난데없이 비상계엄령을 내렸어. 한순간에 박정희와 전두환의 독재 정권 시대로 돌아갈 절체절명의 위기였지. 국민이 피와 땀으로 일궈낸 민주주의가 한꺼번에 무너질 뻔했어. 다행히 시민들의 용감한 저항과 국회의 빠른 해제 의결로 위기를 넘길 수 있었어.

누군가는 윤석열의 내란 사태가 전두환을 제대로 처벌

하지 않고 사면해 줬기 때문이라고 말해. 누군가는 민주주의라는 정치제도 자체가 불완전해서 때때로 위기가 닥칠 수 있다고 하고. 민주주의는 법과 절차에 따라 토론과 타협의 과정을 거쳐 국민의 의사를 반영하므로 느리게 움직이곤 해. 그래서 언제든 강한 힘으로 민주주의의 헌법 질서를 파괴하려는 세력이 생길 수 있다는 거지.

 잘못된 역사도 되풀이될 수 있다는 점을 꼭 기억하면서 우리의 민주주의를 좀 더 단단하게 만들기 위해 노력해 보자. 각자 선 자리에서 내가 할 수 있는 일을 해 나간다면, 우리의 민주주의가 어느 때보다 활짝 꽃 피우게 될 거야.

| 부록 |

한눈에 보는 '전두환의 반란부터 죽음'까지

1979년 10월 26일~27일 [10·26 사태와 비상계엄 선포]
- 중앙정보부장 김재규가 대통령 박정희와 경호실장 차지철을 살해함
- 비상계엄이 선포되어(제주도 제외) 계엄사령관으로 정승화 육군참모총장이 임명됨
- 보안사령관 전두환이 박정희 살해 사건을 수사할 합동수사본부장이 됨

1979년 12월 6일 [제10대 대통령 선거]
- 최규하 국무총리가 유신헌법에 따라 통일주체국민회의에서 대통령으로 선출됨(득표율 96.29%)

1979년 12월 12일~13일 [12·12 군사 반란]
- 전두환의 보안사령부가 계엄사령관 정승화를 납치하여 강제 연행함
- 신군부(하나회) 반란군이 국방부와 육군본부를 점령하여 군권을 차지함

1980년 3월~5월 17일 [서울의 봄]
- 박정희가 죽은 뒤 잠시 민주화의 희망이 찾아온 시기로, 학생과 시민들이 서울역 앞에서 대규모로 시위하다 흩어짐(서울역 회군)

1980년 4월 14일 [전두환 중앙정보부장 서리 임명]
- 보안사령관 전두환이 중앙정보부장 서리가 되어 권력을 장악하기 위한 기반을 마련함

1980년 5월 17일~18일 [비상계엄 전국 확대]
- 전국의 주요 군지휘관들이 모여서 비상계엄을 전국으로 확대할 것을 결의함
- 무장한 병력으로 둘러싸인 채 임시 국무회의에서 비상계엄 전국 확대를 의결함
- 계엄군이 계엄령이 내려지기 전에 대학생, 주요 인사, 정치인들을 마구잡이로 체포함

1980년 5월 18일~27일 [5·18 광주민주화운동]
- 광주에 계엄군(공수부대)을 투입하여 광주 시민의 민주화 요구를 무자비하게 진압함
- 시민을 향해 집단 발포와 조준 사격을 한 뒤 철수했다가 전남도청을 다시 장악함

1980년 7월 4일 [김대중 내란 음모 조작 사건 발표]
- 계엄사령부가 김대중에게 내란죄를 뒤집어씌우고 그를 광주항쟁의 배후 (폭동 조종)로 지목함
- 1981년 1월 23일 김대중은 대법원에서 최종 사형선고를 받음

1980년 8월 27일 [제11대 대통령 선거]
- 전두환이 최규하 대통령을 사임시키고 통일주체국민회의에서 대통령으로 선출됨(득표율 99.37%)

1980년 10월 27일 [국가보위입법회의 발족]
- 국회가 해산된 상황에서 국가보위입법회의가 독재 정권을 뒷받침할 법률과 제도를 만듦

1980년 11월 14일 [언론통폐합]
- 전두환 정권에 저항하는 언론인을 해직하고 언론을 정권에 순응시키기 위해 신문사와 방송사를 합치거나 없애 버림

1981년 2월 25일 [제12대 대통령 선거]
- 제5공화국 헌법(대통령 간선제, 7년 단임제)에 따라 전두환이 다시 대통령으로 선출됨(득표율 90.11%)

1983년 5월 18일~6월 9일 [김영삼 단식 농성]
- 김영삼이 다섯 가지 민주화 요구 조건을 내걸면서 23일간 단식 투쟁을 벌임

1985년 2월 12일 [제12대 국회의원 선거]
- 신한민주당이 제1야당(67석)으로 올라서는 돌풍을 일으킴

1985년 5월 23일~26일 [서울 미국문화원 점거 농성 사건]
- 서울의 5개 대학교 학생이 광주민주화운동에 대한 미국의 책임을 폭로하고 규탄함

1987년 1월 14일 [박종철 고문치사 사건]
- 서울대학교 학생 박종철을 물고문하여 죽음에 이르게 하고 사건을 감춤

1987년 4월 13일 [호헌 조치 발표]
- 전두환이 대통령 직선제로 헌법을 바꿀 수 없다고 못 박음

1987년 6월 9일 [이한열 최루탄 피격 사망]
- 연세대학교 학생 이한열이 시위 도중 최루탄 파편을 맞아 희생됨

1987년 6월 10일~7월 9일 [6·10 민주항쟁]
- 전두환 독재에 맞서 전국에서 민주화운동이 일어나 대통령 직선제로 개헌을 요구함

1987년 6월 29일 [6·29 선언]
- 민주정의당 대표 노태우가 대통령 직선제를 받아들이겠다고 선언함

1987년 10월 29일 [제9차 개정 헌법 공포]
- 대통령 직선제, 5년 단임제, 국회해산권 폐지, 국정감사 부활, 언론 검열 폐지
- 대법관제 부활, 헌법재판소 부활, 군의 정치적 중립 의무화, 노동자의 단체행동권 보장

1987년 12월 16일 [제13대 대통령 선거]
- 민주정의당 노태우 후보가 대통령에 당선됨(득표율 36.64%)

1988년 2월 25일 [전두환 퇴임]
- 전두환이 퇴임 후 국가원로자문회의 의장에 올라 상왕이 되려고 함

1988년 11월 23일 [전두환 백담사로 도피]
- 전두환이 광주민주화운동과 5공화국 비리 문제로 궁지에 몰리다 강원도 백담사로 숨어 들어감

1989년 12월 31일 [전두환 국회 출석]
- 전두환이 국회 증언대에 서서 자신에겐 아무런 잘못이 없다고 변명으로 일관함

1992년 12월 18일 [제14대 대통령 선거]
- 민주자유당 김영삼 후보가 대통령으로 선출됨(득표율 41.96%)

1993년 3월 8일~10월 25일 [하나회 숙청]
- 김영삼 대통령이 12·12 군사 반란과 5·17 내란의 주역인 하나회 세력을 군에서 완전히 축출함

1995년 12월 3일 [전두환 체포 및 구속]
- 연희동 골목에서 성명을 발표한 뒤 합천 고향집으로 내려간 전두환을 체포하여 구속함

1995년 12월 21일 [5·18민주화운동 등에 관한 특별법 공포]
- 국회가 12·12 군사 반란 주역과 5·18 민주화운동 진압 관련자를 잡아들여 재판에 부치기 위해 특별법을 만듦

1996년 8월 26일 [전두환 등에 대한 지방법원(1심) 판결]
- 전두환 사형, 노태우 징역 22년 6개월

1996년 12월 16일 [전두환 등에 대한 고등법원(2심) 판결]
- 전두환 무기징역으로 감형, 추징금 2,205억 원
- 노태우 징역 17년으로 감형, 추징금 2,628억 원

1997년 4월 17일 [전두환 등에 대한 대법원 최종 판결]
- 전두환 무기징역, 추징금 2,205억 원
- 노태우 징역 17년형, 추징금 2,628억 원

1997년 12월 22일 [전두환·노태우 특별사면]
- 김영삼 대통령과 김대중 대통령 당선인이 합의하여 국민 대화합 명분으로 전두환과 노태우를 감옥에서 풀어줌

2021년 11월 23일 [전두환 사망]
- 전두환이 사면받은 후 자기 잘못을 전혀 뉘우치지 않고 추징금도 거의 내지 않은 채 죽음
- 죽기 전까지 명예훼손 혐의로 재판을 받았으나 죽어서 최종 판결이 내려지지 않음
- 전두환은 내란죄 등으로 금고 이상의 실형을 받았기에 국립묘지에 묻히지 못함

왜 천천히 읽기를 해야 하는가?

'천천히 읽는 책'은 그동안 역사, 과학, 문학, 교육, 지리, 예술, 인물, 여행을 비롯해 다양한 주제와 소재를 다양한 방식으로 펴냈습니다. 왜 천천히 읽자고 하는지 궁금해하는 독자들이 있어서 몇 가지를 밝혀 둡니다.

- '천천히 읽는 책'은 말 그대로 독서 운동에서 '천천히 읽기'를 살리자는 마음을 담았습니다. 천천히 읽기는 '천천히 넓고 깊게 생각하면서 길게 읽자'는 독서 운동입니다.
- 독서 초기에는 쉽고 가벼운 책을 재미있게 읽을 수 있는 방법으로 시작해야겠지요. 그러나 독서에 계속 취미를 붙이기 위해서는 그 단계를 넘어서 책을 깊이 있게 긴 숨으로 읽는 즐거움을 느낄 수 있어야 합니다. 그래야 문해력이 발달합니다.
- 문해력이 발달하는 인지 발달 단계는 대체로 10세에서 15세 사이에 시작합니다. 음식을 천천히 씹으면서 맛을 음미하듯이 조금 어려운 책을 천천히 되씹어 읽으면서 지식을 넘어 새로운 지혜를 깨달을 수 있습니다.
- 독서 방법에는 다독, 정독, 심독이 있습니다. 천천히 읽기는 정독과 심독에서 꼭 필요한 독서 방법입니다. 빨리 많이 읽기는 지식을 엉성하게 쌓아 두기에 그칩니다. 지식을 내 것으로 소화하기 위해서는 정독이 필요하고, 지식을 넘어 지혜로 만들기 위해서는 심독이 필요합니다.
- 어린이들한테는 쉽고 가볍고 알록달록한 책만 주어야 한다고 생각하는 어른들이 있습니다. 그러나 독서력이 높은 아이들은 어렵고 딱딱한 책도 독서력이 낮은 어른들보다 잘 읽습니다. 그런 기쁨을 충족하지 못할 때 반대로 문해력도 발달하지 못하면서 책과 멀어지게 됩니다.

'천천히 읽는 책'은 독서력을 어느 정도 갖춘 10세 이상 어린이부터 청소년과 어른까지 읽는 책들입니다. 어린이, 청소년과 어른들(교사와 학부모)이 함께 천천히 읽으면서 이야기를 나눌 수 있는 읽기 자료가 되기를 바라는 마음에서 만들고 있습니다.